JN060799

現場で
役立つ 物流／小売・流通の

KPI
カイゼン
ポケットブック

鈴木邦成［著］

日刊工業新聞社

はじめに

　「現場の状況を数値化して分析し改善につなげたいが、どのような指標を目安に行えばよいのかわからない」「作業時間や作業量の標準化を進めるにあたって、何を数値化すればよいのか迷うことが多い」という方が少なくないようです。

　そこで本書では、標準化を念頭に現場の数値化を実現するための、物流と小売・流通に関わるKPI（主要業績評価指標：Key Performance Indicator）を紹介し、カイゼン活動に活かしていく道筋を解説します。

　KPIについては物流、小売・流通の視点から、必要と考えられるものを可能な限り取り上げるようにしました。したがって、すべてのKPIを隈なく理解されるというよりも、必要に応じてポケットブックとして携帯していただき、辞書的に活用されることが効果的といえるでしょう。

　本書は「物流」と「小売・流通」の2部構成となっており、構成は以下の通りです。

　第1部「物流KPI」では工場倉庫、物流センターの標準化と作業標準の前提となる数値化を進めることを目的として、物流の機能別に区分し、解説しました。「輸配送」「保管・在庫」「物流センター業務（流通加工・荷役）」「静脈物流」について、順に説明していきます。

　第2部「小売・流通KPI」では、小売・流通現場の諸状況の把握と数値化、さらには標準化を目的とし、調達・仕入れ、在庫、販売、物流、生産性、経営分析のそれぞれの視点から、「これだけは知っておけば十分」といえる計数／KPIをピックアップして、ビジネスの現場で使いこなせるようにわかりやすく解説しました。「調達・仕入れ」「販売」「生産性・人的資源管理」「経営分析」の順に解説していきます。

なお、各章で紹介されるKPIについては算出方法を示し、簡単な例題を設けてあります。

　本書の使い方としては、まず全体に軽く目を通していただき、それからは必要に応じて、実務に関係のあるKPIを重点的にチェックするとよいでしょう。いつでも参照できるように持ち運びしやすいポケットブックとなっています。

　本書を読むことで、数値化・標準化を目標とするKPIカイゼンの基本が自然なかたちで身につき、読者のみなさんのビジネスに大きなプラスとなることを願ってやみません。

2023年1月

鈴木邦成

目　次

第3章　保管・在庫　*43*

第4章　物流センター業務　*65*

第7章　販　　売　*117*

第8章　生産性・人的資源管理　*133*

第9章　経営分析　*141*

コラム

第1章

計数/KPIとは

計数／KPI管理とは

　計数とは、本来、「計算して得られる数値」のことをいいます。ビジネスにおいては、さまざまな業務における目標が数値化されて、それが計数と呼ばれてきました。

　さらに近年はKPI（主要業績評価指標：キー・パフォーマンス・インディケーター）という用語が使われるようになりました。日本でも、たとえば「物流KPI」といったように用いられるようになってきました。

　KPIを設定し、活用する大きな柱としては、数値化と標準化があげられます。

（1）数値化とKPI

　近年の現場カイゼンでは「現状を数値化したうえで、カイゼンの目標値を設定してその達成を目指す」というプロセスを取ることが増えています。

　数値化することで現場の現状や課題が可視化されると考えるのですが、この考え方とKPIとの相性がよく、親和性がとても高いことがわかってきました。

　カイゼンの具体的な目標数値を設け、その数値と現状がどれくらいかけ離れているか、そして目標とする数値に到達するのはどうしたらよいのかといった「数値化」を行ううえでKPIの導入が役に立つのです。

　ちなみにKPIの導入以外で、現場の数値化の手段としてコスト分析が行われることが少なくありません。しかし、コストにのみとらわれていると、見えないところでコストが発生することや、一時的なコスト削減の反動が将来的に表れてくることもあります。その点、KPIで現状値と目標値、さらには状況に応じて理論値や理想値を設けることで、計画的に段階を追ったカイゼンがやりやすくなるというメリットもあります。まずはKPIの導入により現場を数値化して、課題を抽出し、その課題の解消を念頭にカイゼンの目標値を設定する

というのが、わかりやすいプロセスとなってくるのです。「改善の成果が出ました」「効率化が実現できました」といっても、それがどの程度できたのかは、具体的な数値以外では実感しにくいからです。KPIを活用すれば、経験や勘だけに頼る業務改善ではなく、科学的な改善が実現可能になるわけです。

(2) 標準化へのマイルストーンとしてのKPI

　KPIを導入することで標準化も行いやすくなります。**KPIの導入で、工程の作業者数や作業時間の目安などの設定がやりやすくなるのです。**

　たとえば、現場作業の標準化にあたり、「ある工程の標準的な作業とはどのようなKPIをどれくらいの時間で達成することである」というように考えます。まずは「標準的な作業手順ならば、KPIはどれくらいになるのか」という理論値や目標値を作業単位、工程単位で設定します。さらに現場ごとのKPIを積み重ねていくことで「標準作業とはどれくらいの効率性でどれくらいの生産性となるのか」ということもKPIがベースとなり、見えてくるのです。

　また、現場作業における標準値や目標値だけではなく、「業界におけるレベルとしてこれくらいの数値であってほしい」という標準値も設定するようにすると応用範囲はさらに広がります。「業界の標準値よりも該当するKPIの数値が低いから標準値を目指す」というようなかたちを取ります。

　そしてさらにいえば、こうして設定された数値は将来のDX（デジタルトランスフォーメーション）や高度なマテハン機器の導入に際しても、活用していくことができるのです。

基本的な計算

　KPIで使われる数値は、簡単な計算式で算出されるものがほとんどです。エクセルなどの表計算ソフトやプログラムに

組み込むなど、KPIの活用範囲や応用方法は大きく広がっています。そうした簡単な計算式で求められた数値でも改善へ向けての大きな目標となります。

たとえば「売上高の大幅アップを目指そう」というよりも「売上高を100億円にしよう」というほうがはっきりと目標が設定されており、そのための方策が見えやすくなるでしょう。

KPIを活用して数値化を行うことで、現場で必要とされている業務レベル、サービスレベルなどを可視化できるようになります。

ただし、あらゆるものを数値化すればよいというわけではありません。どのような数値、データが必要で、どのようなものが不要かを取捨選択していくことも大切になります。**KPIを活用することでどのような効率化や高度化が実現するかを常に念頭に置きながら、必要なKPIに対して、標準値や理論値を設定し、目標値を設定していかなければならないのです。**

なお、KPI管理を行う担当者、関係者が理系の方だけということはありません。物流現場などでは、文系の方も多く関わることになります。

もっとも、数字アレルギーだけは払しょくしておく必要があります。計数に日頃から親しんでおくようにしましょう。

なお、本書では計数の計算式はできるだけ平易に表しました。たとえば、「月初在庫高」、「期末在庫高」などとはせず、たんに「在庫高」といったかたちで表記してあります。

物流KPIの活用

物流現場では「物流KPI」という言い方が一般的になっています。物流活動の機能、領域、主体、製品などで区分し、物流KPIを設定するのです。

現状、最もわかりやすく一般的な区分は、機能別の区分と

いうことになるでしょう。すなわち、輸送、保管、荷役、流通加工、包装といった物流の五大基本機能を中心とした分類です。そのため、輸配送、センター運営などのそれぞれのフィールドにおける達成度を、物流KPIを通して診断するという方法を採用することにします。

　物流データはブラックボックス化しやすいのが課題となっています。ですので、データ収集が比較的容易なかたちで物流KPIを設定し、その数値を改善することで物流効率化の効果がはっきり現れるようにします。さらにいえば、単発的ではなく継続的に可能なデータをもとに設定できることが望まれます。

(1) 輸配送の効率化

　輸配送の効率化を推進するうえでの最大のポイントは、積載効率をいかに高めていくかにあります。

　さらに配送時間、燃料費、高速道路の通行料などを念頭に置きながら、納期に間に合うようリードタイムに合わせた効率的な輸送経路を考えるようにします。

(2) 物流センター運営の効率化

　入庫、格納、出庫、ピッキングなどの荷役作業を効率的に行うことで、人件費などのセンター運営コストを削減できます。とくにピッキングは物流センター運営、庫内作業の軸となる作業で、その良し悪しがセンター運営効率化の成否に大きく影響します。

　さらにいえば保管スペース、物品の配置を計画的に考えることで、ピッキング作業の効率化を図れます。効率化によって残業を減らしたり、作業者の最小化を実現したりするのです。

効率的なマテハン関連機器の導入

　入出庫、格納、ピッキングなどの場内、庫内の諸作業の自動化、省力化などを推進することも重要です。

　一連の荷役作業を機械化することで、人件費の削減や作業スペースの節約、保管効率の向上などが可能となります。

　たとえば、ピッキング作業ではデジタルピッキングシステム（DPS）の導入で労働集約的な作業の大幅な省力化が行えます。物流効率化においてマテハン（物流関連機器）の果たす役割はきわめて大きいといえます。

　物流改善を進めるにあたって、さまざまな計数が必要になるのはいうまでもありません。**実際に現場の数値を測り、実測値をまず出して、次にその実測値をもとに現状を分析し、理論値、あるいは目標値を定めていくのが、物流におけるKPI活用の大きな方向性になります。**

　企業活動の機能、領域、主体、製品などで区分を行い、必要な計数を設定します。

　現状で最もわかりやすく一般的な区分は機能別の区分ということになるでしょう。そこで、**調達・仕入れ、在庫・保管、販売、物流、生産、経営分析といった、企業活動における基本機能を中心とした分類を行います。**

　また、安全・品質、リードタイム、生産性などの管理項目をプロセス別に設定し、工場、物流センター、店舗運営などのそれぞれのフィールドにおける達成度を計数を通して診断するという方法も、最近は注目されています。

　プロセスごとの安全・品質、リードタイム、生産性、環境負荷、コストなどに着目し、それぞれの計数を設定するというものです。

　いずれの視点からの導入に際しても、各計数の上下バランスなどに十分に配慮したうえで、各区分の主要計数の下に準主要計数、補助計数を設定することで、ツリー状に計数を体系化することもできます。

各計数は、データ収集が容易であり、その数値を改善することで業務の効率化の成果がはっきり現れるように設定します。さらにいえば、単発的ではなく継続的に収集可能なデータをもとに設定できるようにします。

　たとえば、調達、仕入れの現場には値入率、商品ロス率、粗利益率などの計数が考えられます。とくにバイヤーなどの仕入れの担当者は、計数に敏感でなければならないでしょう。ちなみに工場などで使う部品、資材などを購入することを「調達」、小売店などが商品を消費者に販売するためにそろえることを「仕入れ」といっています。

　調達したり、仕入れられたりした商品や部品・資材、あるいは工場で生産された完成品などは、実際に使われたり、売られたりするまでは「在庫」として蓄えられることになります。その在庫、さらにはその保管についても知らなければならない計数があります。在庫回転数、在庫日数、交叉比率などをしっかり押さえておくことで、効率的かつ合理的な在庫管理が可能になるのです。

　商品を販売する流通の現場においても、買上率、客単価、売上高など、多くの計数があります。**それぞれの計数の持つ意味を把握し、「いかに改善すれば売上が向上するか」を論理的に考えていくことが大切になります。**

　物流では計数という言い方よりも、「物流KPI」という言い方が一般的です。トラックの積載率、倉庫の保管効率、物流センターにおける誤ピッキング率などが重要です。必要な計数を把握することで、ブラックボックス化しやすい物流コストの可視化も可能になります。

　生産性については、人時単価、人時粗利益、パート比率などの計数が重要になってきます。作業者数などをベースに、生産性の高低を可視化できるわけです。

　さらにいえばトップマネジメントからの経営分析においても、重要な計数を把握することで経営の方向性を定めることができます。たとえば、損益分岐点売上高、営業利益率、労

働分配率などを知ることにより、会社の利益体質を理解し、より収益力の高い企業に発展させることが可能になるわけです。

仕入れ・調達における基本的なKPIの考え方

仕入れ・調達のプロセスとしては、仕入れる商品を見定めてから見積もりを依頼し、その見積もりをもとに価格、納期などを交渉し、発注することになります。

新規の発注に際しては、既存の関連商品の在庫状況などを分析しながら、発注量を決めていきます。また、すでに購買実績のある商品の補充追加の発注などについては、いくつかの発注法に基づいて行われます。

「在庫が減少したときにどれくらい補充するか」ということは、仕入れにおける重要なポイントです。補充発注する量の見定め方によって、過剰在庫や過小在庫が発生してしまうからです。言い換えれば「ムダ、ムリ、ムラなく欠品などを補充する」ことが仕入れの基本となります。**補充発注がスムーズにいけば、それが結果としてコスト削減にもつながるわけです。**

発注のベースには「発注の時期を決める」という考え方と「発注の量を決める」という考え方があります。発注の時期を決める発注法を「定期発注法」、発注の量を決める発注法を「定量発注法」といっています。

定期発注法とは、商品についてある程度の期間の販売計画を立てたうえで発注を行っていくやり方です。定期的に決まった量を発注します。定期発注法は、長期的に需要が安定していて販売予測の立てやすい定番商品に適しています。しかし、商品サイクルが短かったり、流行や季節の変化に左右されやすかったりする商品には向きません。定期的に同じ量を発注しても、売れ行きが悪ければ、商品消化率は低下してしまうことになります。

そこでこの考え方を一歩進めて、「当初定めた在庫量を割り込んだときに、初めて決まった量を発注する」という方法があります。これが定量発注法です。基準の在庫量となる「発注点」をあらかじめ設定して、在庫量が発注点を下回ったら、決められた量を発注するのです。

この場合、適正な在庫量を柔軟に設定し、出荷データなどをふまえたうえで仕入れを行うのが望ましいようです。また、発注の時期については月次、週次、日次など定期的に設定し、仕入量だけを小まめに変更していく方法もあります。いずれにせよ、在庫が過剰にならないよう、常に注視する必要があるのはいうまでもありません。

販売における基本的なKPIの考え方

販売におけるKPIの把握は、売上高と粗利益高をしっかりつかむことから始めるとよいでしょう。

販売の成果をもっとも如実に表すのは売上高です。「どれくらい売れているのか」を明らかにしているのです。ただし、「たんに売上高が増えればよい」というわけではありません。すなわち売上が利益に直結するかたちになっていなければ、「売上高は増えたものの赤字になってしまう」ことになりかねません。

そこで重要になってくるのが粗利益です。粗利益とは売上原価から仕入原価を引いた、文字通り大ざっぱな利益をさします。売上高に対して粗利益高が多ければ、それだけ「効率的に販売できている」ことになります。

顧客行動に関するKPIの考え方

顧客の行動を示す計数を理解することも重要になります。

たとえば、買物客が店舗内でどれくらいの割合で商品を購入したかを示す買上率、1人当たりどれくらいの金額を使っ

たかを示す客単価、商品を複数買ったかどうかを示すセット率などのKPIが大切になるのです。

　販売におけるKPIを細かく分析することにより、「自社の販売戦略のどこに弱みがあるのか、またその弱みを克服するにはどのような点に気をつければよいのか」もわかってきます。

生産性に関するKPIの考え方

　生産性を上げることで企業は効率よく商品を生産したり、販売したりできるようになります。生産性に関する計数をチェックすることで、効率のよい現場管理が可能になります。

(1) 人、場所をいかに活用するか

　生産性の向上には、人、場所、時間をいかに活用するかを考えることが大きなポイントになります。

　人を活用するにあたって、生産性に関する計数のなかで重要となる単位が「人時」です。**人時とは従業員1人が1時間当たりにどれくらいの作業ができるのかを表す単位です。**「人が1時間で作業する分量」という意味合いです。同様に月単位で1人の作業者が作業できる分量を「人月」といいます。したがって、「1人の作業者が行うなら50時間かかる」という作業は50人時となります。

　さらにいえば場所の活用も重要になります。「作業者1人当たり、どれくらいのスペースを使って作業をしているのか」に注目する必要があるわけです。また、生産性を向上させるにあたって、現場の提案がどれくらい採用されているかも把握する必要があります。

経営に関する計数管理の考え方

(1) 現場の計数の活用を側面からカバー

　経営に関するKPIは、貸借対照表、損益計算書、キャッシ

ュフロー計算書に記載されているデータをもとに導き出せる
ものがほとんどです。したがって、その見方に精通していれ
ば、経営分析を行うことは難しくはないでしょう。

　ただし、業界ごとにその基準はかなり異なるといえるでし
ょう。したがって、自分の属する業界と他業界を同列で論じ
ることは避けたほうがよいかもしれません。

　また、物流、流通などに関する計数の数値がよくても、経
営に関する計数の数値がかんばしくなければ、せっかくの現
場改革も中途半端な意味しかなくなってしまうかもしれませ
ん。

　たとえば、物流現場で大きな改革が必要で、主要KPIの値
を改善させることが必要だという判断が下ったとしましょ
う。その際に思い切って高額な情報システムを導入したり、
最先端の設備投資を行ったりして、ランニングコストを下げ
ることを計画したとします。しかし、経営分析の結果、負債
資本比率などが高いということになれば、イニシャルコスト
が増える改善策は見送らざるを得なくなります。その場合、
イニシャルコストが比較的かからない改善策を導入するなど
の修正を求められることになるわけです。**このように経営に
関するKPIについて熟知することで、より現場に合わせた改
革、改善提案ができるようになります。**

(2) 経営環境を巨視的に把握

　経営分析を行うにあたって重要なことは、計数の要素も加
味して企業評価を行う必要があることです。企業全体の方向
性を見定める経営に関する計数の取扱いは、各部門の計数管
理以上に慎重に行う必要もあるのです。数値がよくても悪く
ても、安易に反応するのは控えるべきでしょう。

　たとえば、その企業や商品のブランド力などは経営分析の
計数には反映されません。近年はこの点も考慮され、ブラン
ド価値評価についての研究も進んでいます。経済産業省はブ
ランド価値の算出方法について「ブランド価値評価研究会報

告書」を作成しています。企業の売上高、収益性などを参考に、これまでどれくらいの価値があるかわからなかったブランドについて、価値評価基準の作成も進みつつあるといえましょう。

　いうまでもなく、「どのような顧客を抱えているのか」「競合他社の戦略はどうなっているのか」など、自社のみの状況だけでは判断できない外部環境についても、十分に理解しておく必要があります。

▼

第2章

輸配送

積載率

せきさいりつ

▶英語では　　carry efficiency

▶算出式

積載率（％）＝積載トン数÷積載可能トン数×100

▶何がわかるの？

　積載率とは、トラックに十分な量の荷物が積み込まれているかどうかを知るための計数です。**積載率が低いことはトラックの荷台にあまり荷物がないことを意味します。**さらにいえば積載率は輸送品の1個当たりの実質コストに大きく影響します。積載率が低いまま多頻度の輸送を繰り返せば、結局はコスト高で非効率となってしまいます。

▶解　説

　トラック運賃が好条件でも積載率が悪ければ何にもなりません。個建て料金の「定期便」ではなく、「チャーター便」などの場合は、積載率が1個当たりの実質コストに大きく影響してくるからです。「チャーター便が安いから」という理由で積載率が低いまま多頻度の輸送を繰り返せば、結局はコスト高となってしまいます。したがって輸配送コストを削減していくには積載率を常に注視する必要があります。

　積載率の向上とあわせて車両サイズが適正かどうかもチェックする必要があります。2トントラックを2台使うのではなく、4トントラック1台で十分というケースもあるでしょう。

　また積載率を向上させるには、パレットなどとの相性についても注意する必要があります。一例をあげると、10トン

トラックは1.1型パレット（幅1.1m×奥行き1.1m）と相性が
よく、16枚（2列×8枚）のパレットを荷台いっぱいに積み
込むことができます。

「輸配送ルートによって積載率に差が出てしまう」という
問題もよく発生します。この場合、「輸配送ルートや車両台
数などに見直しが必要なのではないか」を疑ってみたほうが
よいでしょう。配送時間、燃料費、高速道路の通行料なども
念頭に置きながら、納期に間に合うようにリードタイムにあ
わせた輸送経路を考えるようにします。さらにいえば配送時
間に余裕があるならば、「高速道路を利用する必要があるか
どうか」も検証してみる必要があります。

| 例題 | 4トン積載可能なトラックに荷物が3トンほど積み込まれています。積載率はいくらになるでしょうか。 |
| 解答 | 積載率＝3トン÷4トン×100＝75% |

▶KPIの見方

トラックの積載率についてはトラック1台当たり70～80
％以上を目標値として設定することが一般的です。一般に
80％近くあれば、積載率についての効率化は十分に進んで
いると考えられます。また反対に70％を切るようであればそ
の原因を究明し、早急に対策を立てるようにする必要があり
ます。帰り荷を確保したり共同配送などを推進したりするこ
とで向上します。

ただし、積載率が低下してもホワイト物流の視点から荷役
生産性が向上するパレットの導入なども推進されます。

カイゼンのポイント
貨物輸送の効率化と標準化に活用

へいきんせきさいりつ
平均積載率

▸ 英語では   average carry rate

▸ 算出式

平均積載率(%)＝輸送トンキロ÷能力トンキロ×100
積載率(%)＝積載トン数÷積載可能トン数×100

▸ 何がわかるの？

　22ページで解説したとおり、積載率とは、トラックに十分な量の荷が積み込まれているかどうかを知るためのKPIです。

　平均積載率とは輸送中に積卸しなどが行われることをふまえて、走行ルート中の積載率の平均を求めたKPIです。

　輸送トンキロは輸送トンに実車キロ数をかけることで算出できます。能力トンキロは最大積載能力トン数に総走行キロ数をかけて算出します。また平均積載率は積載率に実車率をかけ合わせても算出できます。

▸ 解　説

　輸送トンキロ数が増えれば、物流コストの面から見ると輸送に関わる変動費（ガソリンなどの燃料費やタイヤなどの修繕費など）も必然的に増えることになります。したがって、**物流コスト削減の視点から考えると「どれくらいの距離をどれくらいの荷を積載して走行しているか」ということがきわめて重要なKPIとなるわけです。**

　平均積載率の計算で分母となる能力トンキロについては、所有するトラックや傭車に用いるトラックなどの車両サイズを適正にすることによって最適化することが可能になります。

さらにいえばトラックに搭載するパレットなどとの相性についても注意する必要があります。10トントラックでは1.1型パレット（幅1.1m×奥行き1.1m）ならば、16枚（2列×8枚）のパレットを積み込むことができます。

なお、最大積載量について、「4トントラック」に必ず4トンの荷が積めるというわけではないことにも留意しておきましょう。これは車両総重量が積載重量だけではなく、トラックの空車重量にドライバーなどの乗務員を加えた重量によって計算されているためです。一般に4トントラックとは、最大積載量3トン以上6.5トン未満のトラック（中型自動車）の総称となっています。したがって実際の積載可能量が3トン程度の場合もあります。

例題	積載可能量が12トンのトラックに5トン分の荷を積み、30km走行したあと、3トンの荷を積み加え、20km、さらに4トンの荷を積み加え、10km走行しました。平均積載率を求めてください。
解答	{(5×30)+(8×20)+(12×10)}÷(12×60)×100＝59.7%

▶KPIの見方

トラック1台当たり70〜80％以上を目標値として設定することが一般的です。

働き方改革により複数のトラックドライバーが交替して運行する中継輸送が広がり、平均積載率がこれまで以上に重要なKPIとなってきました。また、平準化の視点からも、輸送量のバラつきを減らしつつ効率化を図る目安とされます。

カイゼンのポイント
輸送貨物量の平準化の目安として活用

実車率

じっしゃりつ

▶英語では　ratio of loading trips to total trips

▶算出式

実車率(%)＝積載走行距離÷総走行距離×100

▶何がわかるの？

　どれくらいのトラックが荷を積んで走行しているかを示す KPIが実車率です。実車の反意語は空車になりますから、空車ではなく荷を運んでいるのが実車ということになります。

　実車率が低いということはトラックが荷物を積まずに走行している距離、つまり着荷地からの帰路に空荷のまま走行している距離が長いことになります。実車率を上げるには帰り荷を確保するなどして、片荷輸送をなるべく行わないようにする工夫が必要です。実車率を上げるには走行ルートと荷主の組み合わせを工夫する必要がありますが、同時に所有する車両数が多すぎるというケースも考えられます。車両数を適正化する努力も求められるわけです。

▶解　説

　実車率を上げるためには、輸配送先から戻る際に積む荷物である帰り荷の確保を徹底させることが効果的です。そのためには輸送マッチングサービス（求荷求車システム）の活用も有効です。これは、**オンライン上に帰り荷や空トラックの情報を提供する**システムで、実車率の向上が図れます。

　たとえば、東京から東北にトラック輸送を行う場合、東京から東北までは荷があっても、輸送先の東北から東京に戻る際に帰り荷がないというケースが考えられます。しかし、東

北から東京への荷があることがわかれば、この問題は解消できるわけです。

　ウェブ上などでの登録情報から自社が利用したい貨物車両情報や運びたい貨物情報の検索などを行い、空きトラック情報や貨物輸送のニーズを把握するという方式が一般的です。電話やファックスなどに対応したシステムもあります。

例題	着荷地Ａまでの400kmをトラックＡは往路、復路ともに荷がありました。トラックＢは往路は荷を積んでいましたが、復路は空荷で戻りました。トラック2台の平均の実車率はいくらですか。
解答	(400×3)km÷(400×4)km×100＝75％ 【別解】往路を1、復路を1として計算。 (1×3)÷(1×4)×100＝75％

▶KPIの見方

　実車率については、往路に荷があり、復路に荷がないという状況を一般的と考えれば、50％程度が平均的な数値ということになります。その50％からいかに数字を重ねていくのかが重要になります。帰り荷を増やすことで、75〜100％へと近づけていく努力が望まれます。

　また、地域配送で同一配送先への運行を繰り返す「回転数」については、2回転車を全体の50％以上に増やすことで効率化を図る必要があります。なお、営業用の普通車の場合、実車率は72％前後というのが平均的な数値と考えられます。ただし、実車率をさらに向上させていくことで経営資源のより一層の活用を図れることから、80％以上を目指していくのが好ましいともいえます。

> **カイゼンのポイント**
> 空車を減らし、トラックの効率的な活用を推進

トラック実働率 (稼働率)

<ruby>実働率<rt>じつどうりつ</rt></ruby> (<ruby>稼働率<rt>かどうりつ</rt></ruby>)

▶ 英語では　truck operation rate

▶ 算出式

実働率(%)＝運行日数(時間)÷運行可能総日数(時間)
　　　　　×100

【参考KPI】

①納品先待機時間＝納品先における待機時間の平均

②庭先時間 (庭先付帯作業時間)

③マテハン稼働率＝処理数量÷処理能力

▶ 何がわかるの?

　トラック実働率 (以下、実働率) とは保有しているトラックの運行可能総日数に対して、実際はどれくらいトラックを稼動させたのかの割合を示すKPIです。トラック1台の稼働率が高ければ、使用するトラックの総台数を少なく抑えることができます。実働率が高ければ、ドライバーや管理者などの人件費、燃料費、駐車費なども削減できます。

　なお、自家用トラックの場合、他社の荷物との混載などを行わないためにどうしてもトラック稼働日は少なくなる傾向にあります。したがって、一般的には自社便を運行するよりも物流企業に輸配送を委託したほうが、実働率が向上する可能性が高くなるといえます。

▶ 解　説

　実働率を上げるには、運ぶ荷をトラック保有台数にあわせた適正量だけ確保するということが大前提になります。

　しかし、荷主の要求などが特定曜日、特定月、特定シーズ

ンなどに偏っていれば、週次、月次、年次ベースで見た場合、実働率がトータルでは上がらないというケースも出てきます。

一例をあげれば「月、水、金曜日は荷の確保が十分にできるが火、木、土曜日は荷がほとんどない」ということも十分に考えられるわけです。このようなケースでは週次レベルでの実働率は低くなってしまうでしょう。

また、運ぶ荷に対して適切なトラック台数を保有していても、ドライバーが不足しているために実働率が下がってしまっているというケースもあります。ドライバーに十分な休息と休暇を与えつつ、実働率を上げるためにはドライバー数の確保についても注意しなければなりません。

例題

月間30日のうち、22日間を営業日としてトラックを稼働させました。実働率はいくらになりますか。

解答

22日÷30日×100＝73.3%

▶KPIの見方

営業車の場合、実働率は65〜75%くらいになります。月次ベースで22営業日ならば、73.3%になります。しかし労働基準法を守り、安全面に配慮したうえで、それ以上に実働率を上げようとするならばトラック1台当たり、2人以上のドライバーを確保する必要も出てきます。実働率が上がってもそのプラス分を人件費が吐き出すというリスクもでてくるわけです。なお、トラックドライバーの拘束時間、休息期間は厚生労働省労働基準局により厳しく決められています。

カイゼンのポイント
配車計画を綿密に構築

運行効率
うんこうこうりつ

▶ 英語では   transportation efficiency

▶ 算出式

運行効率（%）＝積載率×実車率×実働率
運行効率（%）＝平均積載率×実働率

▶ 何がわかるの？

　積載率、実車率、実働率のそれぞれの数値に加え、運行効率の数値を見ることで、**トラック輸送の現状や問題点が浮き彫りにされます。**

　運行効率の向上を図るためには、貨物状況をしっかり把握したうえで運行時間の短縮を念頭に最適輸配送ルートを設定し、積載率、実車率、実働率のいずれかが大きく落ち込むことのないように注意しなければなりません。

▶ 解　説

　ロジスティクスの輸送領域にトラックを効率的に活用するために、まず重視されるKPIは積載率（22ページ参照）です。積載率が低ければ、どのような改善策を推進しようとも効果は半減することになります。

　しかし積載率だけを高くして荷を運べばそれでよいかというと、そういうわけでもありません。往路には荷があっても帰路には荷がなければ実車率（26ページ参照）が下がり、あわせて平均積載率も下がることになります。往路だけではなく、帰路についても荷を確保するために求荷求車システムなどを活用して帰り荷情報をしっかりと入手しておく必要も出てくるわけです。

さらにいえば、トラックを稼働させるときには荷が十分に積まれていて、帰り荷も確保されており、積載率、実車率が高くなっている状況でも、たとえば月間15日しか稼働日がないといった具合に実働率（28ページ参照）が低くなっていては、トータル輸配送コストは高くついてしまいます。

　以上をふまえて考えると、**積載率、実車率、実働率は互いにリンクするかたちでトラックの運行効率に影響している**ことがわかります。

　そこで、積載率、実車率、実働率をかけ合わせた数値を運行効率というKPIに設定し、その数値から輸配送の効率化の度合いを見定めることにします。積載率、実車率、実働率の3つのKPIはいずれも重要ですが、どれか1つだけ数値がよくても、ほかのKPIの数値が低ければ、効率的なトラック輸配送が行われているとはいえないのです。

 例題 | 積載率80%、実車率70%、実働率73％の場合、運行効率はいくらになりますか。

 解答 | 0.8×0.7×0.73×100＝40.88%

▶KPIの見方

　運ぶ荷物にも左右されますが、一般に運行効率は40％以上が望ましいと考えられます。多頻度小口輸配送ではなく効率的な輸配送計画の推進、帰り荷の確保による積載率や実車率の向上、ドライバー管理を充実させての輸配送先の増強などを徹底させることが、運行効率をより高くするための必要条件となってきます。

カイゼンのポイント
帰り荷の確保の徹底を目指す

配送効率 (単位配送時間)

はいそうこうりつ / たんいはいそうじかん

delivery efficiency

▸算出式

配送効率(時間) = (配送行為総時間) ÷ (配送件数)

【参考KPI】

①納品付帯作業(庭先作業)実施率 = 実施回数 ÷ 納品回数(付帯作業別の実施率を求める)

②過度な多頻度配送のチェック

・配送頻度 = 配送回数 ÷ 営業日数

・配送件数、配送ロットについてもKPIとして設定するとよい

▸何がわかるの?

配送の効率がどれくらいなのかを見るKPIの設定は容易ではないかもしれません。そこで**配送時間を目安にどの程度の効率化が行われているのかを見る**ようにします。

配送1件当たりのトラック運行、入出荷作業の効率を配送時間から判断するのです。

▸解 説

配送時間については、まずは店舗などでストップウォッチを持って、**実際にどれくらいの時間がかかっているかを把握する**必要があります。効率的にムダなく作業が行われているような気がしても、実際は予想以上に時間がかかっていることもあります。まずはどれくらいムダが発生しているのかを、時間を測ることで実感することが大切です。

配送効率を上げるにはしっかりと時間管理された緻密な配送ネットワークを構築したうえで、配送先での荷卸しや積込

み、トラックの待機なども含めた庭先作業などの総時間数を短縮していく必要があります。店舗配送にあたっては、輸配送管理システム（TMS）を導入したうえでムダのない配送ルートを構築します。渋滞や荷捌きにかかる時間のムリ、ムダ、ムラを省く工夫が必要になってきます。

さらに配送先での荷卸しや積込み、検収などにかかる時間（庭先作業時間：納品付帯作業時間）をいかに短くしていくかも重要になってきます。また配送先でドライバーがどれくらい配送先の作業を手伝うのか、たとえばバックヤードまで荷を運ぶのか店頭で荷卸しすればそれで十分なのかは、着荷主と話し合っておきましょう。

配送先によっては担当者が不在だったり、何台ものトラックが荷卸しの順番を待っていたりするなどの事態も考えられます。着荷主と協力してダイヤグラム配送の体制をしっかり組む必要がある場合もあります。

| 例題 | 午前10時から午後4時までに都内8店舗の配送を行いました。配送効率はどのくらいになりますか。ただし、昼食休憩を1時間とったと考え、その時間は除きます。 |

| 解答 | 5時間÷8件＝37.5分 |

▶KPIの見方

配送先数、走行総距離などの条件によって大きく変わります。1店舗当たりの配送につき10〜60分程度かかるのが一般的といえるでしょう。パレットやかご台車などの導入により積み込み、荷卸し時間を削減することで、配送効率を上げることが可能になります。

カイゼンのポイント
配送の品質向上を数値で示す

誤配送率 (誤配率)

ご は い そ う り つ
ご は い り つ

▶ 英語では delivery error rate

▶ 算出式

誤配送率（%）＝年間誤配送件数÷年間全配送数×100

▶ 何がわかるの？

　誤配送率は配送間違いの件数が年間にどれくらいあるかを示す計数です。誤配送の責任は運送会社にあるとされています。誤配送率が高いと荷物を受け取る側の取引先企業（着荷主）との信頼関係が崩れていきます。

　また、誤った配送先で本来配送すべき会社の重要な情報が漏れてしまうリスクもあります。誤配送が発生した場合にはすみやかに謝罪するとともに、**二度とそうした事態が起きないようにするための対策を講じる必要があります。**

▶ 解 説

　誤配送率を下げるには、配送計画がたんに効率のみを追い求めるがために人間工学などの見地からムリが生じていないか、言い換えればドライバーにとってハード過ぎる内容になっていないかを十分に検討する必要もあります。

　たとえば必要以上のピーク時間帯への指定配送などが物流効率を悪化させ、誤配送の遠因となることもあります。

　配送ミスの多発を防ぐためには、トラックドライバーにプロ意識を持って配送してもらうことも重要ですが、そうした人的要因だけでなく、物流システム自体に問題があるケースも少なくありません。一例をあげれば、配送先の総数を減らせば納品ミスは起こりにくくなります。配送貨物の総量が運

送会社の規模や能力に見合っているかどうかについても見直してみる必要があります。誤配送率の改善には不適正な配車ルート、安すぎる運賃、必要以上のピーク時間帯への指定配送などを解消する必要があります。

とくに**配送ルートが適正でない場合、トラックドライバーに大きな負担がかかり、意に反した誤配送に結びつく恐れが大きくなります**。したがって誤配送を防ぐには、まず配送ルートが適切かどうかチェックする必要性があります。

ただし、配送先数が多く、エリアが広い場合、ルート策定に時間がかかることがあります。そこで輸配送管理システム（TMS）を活用し、配送ルートの適正化を行います。

さらにいえば、各トラックドライバーが指差し呼称の徹底、車内の5S（整理・整頓・清潔・清掃・躾）の励行、運転日報の正確な記入などを常に行うことも大切です。そしてそれが、輸配送現場での「誤配送を絶対に発生させない」という強いプロ意識につながることになるのです。

例題	ある運送会社で1年間の配送件数1万4400件のうち、誤配送が8件ありました。誤配送率はいくらになりますか。
解答	8件÷14400件×100＝0.056%

▶KPIの見方

理想をいえば、0%ですが、できれば0.005%以下が望ましい数値です。0.05%を上回る場合にはなんらかの抜本的な対策が必要になります。誤配送が発見されたらすみやかに謝罪することも大切です。

カイゼンのポイント
トラブル発生後の丁寧なクレーム処理を実践

納期順守率
のうきじゅんしゅりつ

(⇔遅延・時間指定違反率)
ちえん　じかんしていいはんりつ

▸英語では　　on-time delivery ratio

▸算出式

納期順守率(%)＝納期順守件数÷総発注件数×100

※納品リードタイムもKPIとして設定しておくとよい

▸何がわかるの？

　文字通り、**納期をきちんと順守しているかどうかを示す**KPIです。なお、納期順守を行うにあたっては、納期回答についての正確性も求められます。

　担当者が納期について「回答できない」、あるいは「とりあえず回答したものの、後日回答納期を撤回し、新たな納期を提示してきた」といったケースも少なくありません。生産、調達に関する自社の状況を正確に把握する必要があります。

　また、「たぶんこれくらいの時期にはなんとか納品できるだろう」といった希望的観測から推測の回答しかできないようでは、顧客の信用を失うことにもなるでしょう。生産計画、調達計画をきちんと組み、しっかり納期を設定し、それを順守することが大切です。

　ちなみに生産リードタイム、調達リードタイムが長いと必然的に納期順守にも影響が出てきます。生産、調達部門での効率化を実現することが納期順守にもつながるのです。

例題	過去30回の納品のうち28回は納期を順守しました。納期順守率はいくらになるでしょうか。
解答	28回÷30回×100＝93.3%

▶KPIの見方

最低でも95%以上が望ましいでしょう。

なお、納期順守にあたって、納入時のスケジューリングについてもしっかり組み立てる必要が出てくるケースが少なくありません。

たとえば、納入が午前中に集中してしまうと、大量に入荷した物品をいったん仮置きせざるをえなくなってしまいます。しかも午前中に集中した入荷処理を午後にまで繰り越せば、今度は午後の入荷に対してのリアルタイム処理が難しくなります。その結果、作業者が残業しなければならなくなります。バッチ処理のための仮置きスペースも必要になります。こうした状況を改めるためには、午前に集中してしまった入荷を午後に回し、入荷作業の平準化を行う必要があります。納入の指定日時についても順守を徹底させ、午前、午後のそれぞれの入荷検品、入庫・棚入れ作業をバッチ処理ではなくリアルタイム処理で行われるようにする必要があるわけです。

また、「納期は順守されたものの、品目が誤っていた」といった誤納品などのミスがあればなんにもなりません。たんに納期順守を徹底するだけでなく、あわせて関連する一連の物流プロセスの質についてもレベルを落とさないように十分な注意と準備をしておきたいところです。

カイゼンのポイント
生産計画、販売計画などとのリンクを意識して在庫を管理

トラック運送原価
うんそうげんか
(運送原価)
うんそうげんか

　first cost for truck transport

▶ 算出式

トラック運送原価(円)＝**車両費**(月次：リース費、購入費など)＋**燃料費**(月次：走行距離、燃費などをもとに算出)＋**油脂費用**(月次)＋**タイヤ費**(月次)＋**修繕費**(月次：外注費＋部品費)＋**車検費用**(月次)＋**租税公課**(月次：自動車税、自動車重量税)＋**保険料**(月次：自賠責保険＋任意保険)＋**ドライバー人件費**(月次：支払総額＋会社負担法定福利費用＋退職金引当費)＋**関連施設費用**(施設費およびそれにかかる租税公課)＋**金融費用**(金利など)＋**その他の費用**(高速道路料金、フェリー料金、事故処理費用など)

▶ 何がわかるの？

　トラック運送事業者がトラック運送原価を算出することで月当たり、あるいは1km当たり、**どれくらいのコストがかかるのか**が明らかになります。それをもとに運賃を決めることができます。

　なお、運送原価は車両別、取引先別、運行ルート別など細かく算出する必要があります。

▶ 解　説

　運送原価は軽油などの燃料価格、高速道路の使用の有無、車両ごとの燃費の違いなどの影響を大きく受けます。

また保険料については無事故を続けていれば下がるので、結果的に運送原価を下げることができます。ただし、「任意保険を払うと運送原価が高くなるので自賠責保険だけにする」という発想はたいへん危険です。交通安全の視点から、安心できるだけの任意保険には加入するようにしましょう。

　他方、荷主サイドとしてはトラック運送事業者の運送原価を無視した**過激な料金値引き交渉は、モラル的側面からも避けたいところ**です。トラック運賃の大幅な値下げを強いるのは、配送の質の低下を招きかねません。

　大幅な値下げによりトラック運送事業者がムリな配送計画を立て、事故が発生したり、誤配送などの引き金となったりすれば、結果として荷主企業にとっても大きなマイナスとなります。運送原価に配慮しつつ、配送の質を十分に確保できる運賃設定をすることがコンプライアンス（企業の法令遵守）の視点からも求められるわけです。

例題	トラック運送原価が1km当たり300円の場合、100kmの運送に際して運賃の設定の下限をいくらにしたらよいですか。
解答	300円×100km＝30000円 運賃が3万円を超えていなければ赤字となります。

▶KPIの見方

　燃料費、走行距離、車種の燃費などの影響を大きく受けるので企業ごとに異なります。

　ちなみにトラック運送原価を正確に把握することで収益率の向上も目指せます。コスト意識を高めどんぶり勘定を避ける意味でも重要なKPIといえましょう。

カイゼンのポイント
トラック運賃・料金の適正化の前提条件を確認

日次収支 (トラック運送)

▶ 英語では　daily balance of payment

▶ 算出式

日次収支(円) = (1日当たりの収益) − (1日当たりのコスト)

▶ 何がわかるの?

　トラック1台ごとの日次レベルでの収支を求めることで、効率化をコストから管理できます。

　なお、トラックだけでなく物流センター業務コストなどについても日次レベルで把握しておくことで、効率化はもとより経営面における健全性についてのチェックも可能になります。

例題　日次レベルでのトラック1台当たりの収益が2万6000円、1日当たりのコストが1万6000円の場合、日次収支はいくらになりますか。

解答　26000円 − 16000円 = 10000円

▶ KPIの見方

　車種をはじめ諸条件の相違で収益、コストともに大きく異なります。時系列的に変動、推移を把握する必要があります。

カイゼンのポイント
輸配送の効率化をデータで可視化

共同物流導入率
きょうどうぶつりゅうどうにゅうりつ

▶ 英語では　　ratio of joint logistics

▶ 算出式

共同物流導入率（%）＝共同物流による貨物取扱量÷
全取扱貨物量×100

▶ 何がわかるの？

運送会社、倉庫会社などの物流企業が複数の荷主企業の物流業務を請け負っている場合、共同物流をどれくらい導入しているかを表す計数です。

共同物流導入率を把握することで、自社がどれくらい環境にやさしい物流を実践しているかを知ることができます。 物流コストの削減と環境負荷の低減の双方に効果があります。

例題	全貨物量3000トンのうち、2300トンで共同物流を実施しています。共同物流導入率はどれくらいになりますか。
解答	2300トン÷3000トン×100＝76.7%

▶ KPIの見方

業種業態によって共同物流導入率は異なりますが、50%を超えれば現状では合格点といえるでしょう。

カイゼンのポイント
物流コスト削減とロジスティクスの高度化を推進

3PL導入による物流KPIの活用

　サードパーティロジスティクス（3PL）とは、「荷主に対して物流改革を提案し、包括して物流業務を受託する業務」と定義されています。物流部門の戦略的アウトソーシング（外部委託）のことです。

　3PLを導入することで、荷主企業はコアコンピタンス（中核事業）に集中できます。物流コストの可視化をスムーズに進められます。物流KPIについても専門家の視点からの鋭いメスが入りますので、計数管理を活用してのスムーズな物流改善の道筋が見える可能性が高くなります。

　メーカーや小売業の物流部主導ではノウハウがなく、大きな物流改革、在庫削減戦略がなかなかうまくいかないというケースもあります。

　しかし3PLでは物流企業がロジスティクス戦略全体を見据えながら包括的に進めます。物流部門に関する専門性が強化されるわけです。

　定評のある3PL企業には、物流拠点の集約や物流センター運営などについての豊富なノウハウがあります。実際、3PL企業に物流拠点の運営と管理を一任し、物流効率化を実現できる環境を構築する企業も増えています。

　ただし、3PLの導入に際してはしっかりとした物流KPIなどを活用しての目標値の設定が不可欠になります。

保管・在庫

在庫日数と在庫負担コスト

ざいこにっすう　　ざいこふたん

▶英語では　inventory days, inventory holding cost

▶算出式

在庫日数(日) ＝ 在庫高(売価) ÷ 日次ベースの平均売上高

在庫日数(日) ＝ 在庫量(個数) ÷ 日次ベースの平均売上量(平均出荷量)

在庫負担コスト(円) ＝ 在庫損金高 ＋ 在庫金利 ＋ 在庫維持費(在庫にかかる一連の保険料など)

▶何がわかるの?

「在庫をどれくらい保有しているか」を表す単位としては、金額、数量に加え、日数(時間数)でも行われます。小売業、卸売業では金額をもとに算出することが一般的ですが、物流業や製造業では出荷量から逆算して表すことも少なくありません。

▶解　説

在庫日数をKPIとして活用することで在庫量、在庫レベルを適正に設定できます。在庫日数から供給リードタイムなども逆算できます。在庫日数は金額で表す場合と日数で表す場合とがあります。

なお、在庫を過剰に抱える場合、在庫負担コストについて注意する必要が出てきます。

在庫を保持するにはその保管にかかる倉庫賃料に加え、在庫損金高、金利、保険料などの一連の「在庫負担コスト」が

かかります。

在庫のSKU（ストック・キーピング・ユニット：最小在庫単位）当たりにかかるコスト比である在庫負担コスト比率を求めることで、**在庫にかかるコスト負担を把握することも可能です**。在庫にかかるコストを明らかにすることで、過剰在庫の弊害もはっきりしてきます。

在庫にかかる保険には火災保険、海上保険、運送保険、盗難保険、動産保険などが考えられます。保険をまったくかけないのはたいへん危険ですが、かけ過ぎも負担になります。保険会社が、商品・原材料・仕掛品などの棚卸資産となる在庫に発生する損害をすべて補償するタイプの保険に加入するのが一般的でしょう。在庫である物品の破損、賞味期限切れ、盗難などによる在庫損金高についても在庫負担コストのなかに含めて考えるようにします。

| 例題 | 店頭の在庫量が200個ある商品Aがあります。日次ベースで40個の売上があります。在庫日数は何日分になるでしょうか。また金額ベースで500万円分の商品Bがあります。日次平均で25万円ずつ売れていく場合、在庫日数は何日分になりますか。 |

| 解答 | 商品A在庫日数＝200個÷40個＝5日
商品B在庫日数＝500万円÷25万円＝20日 |

▶KPIの見方

取扱う商品によって在庫日数はかなり異なりますが、一般に最寄品ならば、小売店舗の在庫日数は3日〜1週間程度に設定されています。製造業の在庫日数は生産計画と納期をふまえて設定されます。

> **カイゼンのポイント**
> 納品遅れの現状を可視化、数値化

在庫回転率

▶英語では　inventory turnover

▶算出式

在庫回転率(回転)＝売上高(所要量)÷
　　　　　　　　平均在庫高(平均在庫量)

※平均在庫高＝(期首在庫＋期末在庫)÷2

▶何がわかるの？

　在庫回転率を把握することで**商品がよく売れているかどうか、仕入れが的確に行われているかどうかを知る**ことができます。なお、在庫回転率は、「%(率)」ではなく、2.5回転など、「回転」を単位とします。また、小数点第1位まで求めることが多く、1回転ではなく、たとえば1.0回転、2.0回転などとするのが一般的です。在庫回転率が高ければ在庫負担コストも削減することが可能になります。

▶解　説

　在庫回転率に注目することで、保管も効率的になります。**在庫回転率とは一定期間における在庫の回転数のこと**です。一定期間の所要量を平均在庫量で割ることで求められます。在庫回転率を向上させるには、定期的に品目を整理する必要があります。というのは、次々と新商品が発売されれば在庫全体が増えて管理が難しくなるからです。

　在庫回転率は物量(所要量、平均在庫量)で計算されることもあれば、金額(売上高、平均在庫高)で計算されることもあります。小売業者などがキャッシュフローの視点から考える場合は金額で考えるほうがわかりやすいのですが、物流

業者などは保管量、輸送量などを念頭に置くので物量で考えることが少なくありません。

一例をあげれば、1カ月に500万円の売上げがあり、在庫金額の平均も500万円あれば、在庫回転率は1.0ということになります。これは在庫が1カ月に1回転したことを意味します。「500個の商品が売れて、在庫量の平均も500個ならば、在庫回転率も1.0である」ともいえるわけです。在庫回転率の数値が高いほうがキャッシュフローも増大します。在庫回転率が高いということは、在庫に投資されたキャッシュがそれだけ速く回収されるということです。

例題	ある商品の1年間の売上高は4000万円でした。12カ月間の平均在庫高が1000万円の場合、在庫回転率はいくらですか。
解答	在庫回転率は、「商品回転率＝売上高÷平均在庫高」によって求めることができるので、 4000万円÷1000万円＝4.0回転

▶KPIの見方

業界によりKPIの目安は異なりますが、一般に年間1億円程度の売上高ならば、1000～1200万円の平均在庫高で6～12回転程度が目標数値とされる可能性が高いでしょう。したがって、例題の場合はやや低いと考えられるかもしれません。

もちろん、短サイクルの商品の場合はこれよりも高回転が求められます。近年の傾向として商品の短サイクル化が進んでいるので、在庫回転率も高めになることが求められます。

カイゼンのポイント
デッドストックの処分を検討

棚卸差異率 (在庫差異率)
たなおろしさいりつ（ざいこさいりつ）

▸ 英語では　stock inventory variance rate

▸ 算出式

棚卸差異率(%) ＝ 差異点数 ÷ 棚卸総点数 × 100

※SKU（ストック・キーピング・ユニット：最小在庫単位）数も
　KPIとして設定しておくとよい

▸ 何がわかるの？

　棚卸差異率は帳簿上の在庫と実在庫が合致しているかどう
かを示すKPIです。棚卸差異率がゼロならば在庫アイテムと
その数量を正確に把握しているということになります。

　在庫差異があれば、誤入出荷、未入出荷、盗難などが発生
している可能性があります。誤出荷や盗難などにおける損失
は物流コストにも大きく跳ね返ってきます。

▸ 解　説

　在庫が合わない主な理由としては、入荷・入庫の段階での
照合ミス、在庫台帳の計算ミス、伝票からの入力ミス、実地
棚卸が不正確、返品、不良品の交換などの事後処理ミス、仮
伝票などでの出荷の際の事後処理ミス、ピッキングミス、出
荷検品ミスなどが考えられます。コンピュータ上の在庫と実
在庫に差が出ていないかを入念にチェックするようにします。

　いずれの理由にせよ、実在庫と在庫台帳が合わなければ出
荷を正確に行うことができなくなります。重複在庫や過剰在
庫、あるいは過少在庫の原因となり、保管コスト増の動因と
もなりかねません。

　棚卸差異率を低くするためには、なによりも入荷・入庫作

業をきちんと行うことが**重要**になってきます。入荷・入庫における誤検品などがなければ、在庫差異は発生しにくいと考えられます。

棚卸差異率を低下させるための方策としては、入荷検品はバーコードを導入し、ハンディターミナルの読み取りなどで熟練していない作業者でも在庫台帳の計算ミスや入力ミスを起こさないようなしくみ作りを進める必要があります。

在庫差異は緊急出荷や返品などの、イレギュラーな業務に際して発生することも少なくありません。

例題	一斉棚卸の結果、2万点の在庫のなかで100点ほど、在庫が合わないケースが発生しました。棚卸差異率はどれくらいになりますか。
解答	100点÷20000点×100＝0.5％

▶KPIの見方

理想をいえば、棚卸差異率は0％が望ましいということになります。しかし、その理想はなかなか達成できないのが実態です。その点をふまえて、まずまずの合格点をあえてあげるとすれば、0.05％以下が一応の目安と考えられます。

物流特性にもよりますが、0～0.05％ならば合格水準、0.05～0.1％ならば改善を要する水準、0.1％以上ならば早急な状況改善が必要な水準というのが基本的な目安となります。

とくに、0.1％を超えるような状況であれば、早急な改善を行う必要があります。棚卸差異率が高ければ誤出荷、誤ピッキングなどを誘発することにもなります。

カイゼンのポイント
コンピュータ在庫と実在庫の差異を解消

交叉比率

こうさひりつ

（▶英語では）　ratio of gross profit to inventory investment

（▶算出式）

交叉比率(%) ＝粗利益率×在庫(商品)回転率×100

（▶何がわかるの？）

　複数のアイテムが扱われている場合、「それぞれの商品が売上げ全体に対してどれくらい貢献しているのか」を考えながら在庫戦略を構築する必要があります。そこで**各商品の販売効率をチェックする尺度として「交叉比率」を使います。**

（▶解　説）

　交叉比率を粗利益率（粗利益高÷売上高）と在庫回転率（売上高÷在庫高）を掛け合わせるかたちに分解して、在庫キャッシュフローの状況や在庫の特徴を視覚化することができます。

　たとえば、在庫回転率が高くなるということは売上高・販売量が増えることを意味します。在庫回転率が高く、粗利益率が低ければ、「薄利多売型商品」ということになります。

　反対に在庫回転率は低いけれども粗利益率が高い商品は「厚利少売型商品」になります。粗利益率が大きくなれば、売れた場合の商品の利幅は大きくなるからです。

　そして薄利多売型商品ならば「売れ筋商品」ということがわかるでしょう。厚利少売型ならば「儲けられる商品」、さらに厚利多売型ならば「稼げる商品」、薄利少売ならば「見せ筋商品」ということがわかります。

たとえば、粗利益率も在庫回転率も、ともに低い「薄利少売型の見せ筋商品」の場合、実際に人目を引く位置に戦略的に陳列するのが好ましいでしょう。店頭在庫は極力持たないようにするなどの入念な工夫も必要です。物流センターなどに在庫を持つ場合も必要最低量に留めなければならないでしょう。回転式ラックなどの保管効率の高い保管方式を採用する必要もあります。さらにいえば、アイテム数削減の見地などから、製造中止やその時期についても検討しなければならないでしょう。

　このように交叉比率を活用して商品在庫の特徴を知ることで、在庫キャッシュフローの可視化や綿密な在庫戦略の構築が図れるのです。

| 例題 | 粗利益率が43％で在庫回転率が8回転の場合、交叉比率はいくらになりますか。 |

| 解答 | 0.43％×8回転×100＝344％ |

▶KPIの見方

　業界により大きな差があります。一般的にいって、200〜600％の範囲にだいたいの業界が入るようです。ただしスーパーマーケットの場合、交叉比率は900％前後と高くなります。またアパレル販売の場合、交叉比率は400％程度と考えられます。交叉比率をそれぞれの商品ごとに出し、高い順に並べることでそれぞれの商品の特徴が見えてくることになり、それをふまえてマーチャンダイジング（商品化計画）を構築する必要があります。さらにいえば、定期的にデータを取り推移を見定めることも重要です。

カイゼンのポイント
商品在庫の特徴を把握し、キャッシュフローを可視化

保管効率

▶ 英語では　　storage efficiency rate

▶ 算出式

保管効率（％）＝現状の保管物量（トン数、あるいはパレット数など）÷限界保管量（トン数、あるいはパレット数など）×100

【参考KPI】
①スペース効率＝保管量÷面積
②保管充填率＝保管間口数÷総間口数
③保管コスト単価（数量別、パレット別、重量別、容積別など）
④物流拠点数：トータル在庫管理の視点からのKPI

▶ 何がわかるの？

　保管効率は倉庫の単位容積当たりの保管密度を表すKPIです。「ある特定期間の在庫容積とその期間内の入荷商品容積の合計」を「実際に入出荷、保管に用いている面積」で割ります。保管効率を向上させることが倉庫賃料などの最小化につながります。**保管コストを削減するためには、まず保管効率を最大限に上げる必要がある**わけです。

▶ 解　説

　保管効率を向上させれば保管コストは削減できますが、その代わりに荷役コストがかかる恐れもあります。たとえば、一般的な物流センターの場合、天井高は平均的には5.5〜6.5mです。10mを超えるような高い天井にラックをすき間なく積み上げていけば、確かに保管効率は上がるでしょう。しかし、その結果、作業効率が低下したり、棚卸に時間がか

かったりする可能性もあります。高い天井に見合ったマテハン機器や庫内オペレーションが組めれば問題はないのですが、ヤミクモに天井高のある倉庫に荷を積み上げて、保管効率を向上させても、かえって作業効率が下がるというケースも考えられるのです。

また保管エリアに過度に物品を積み上げたり、格納したりすることで、誤検品や誤出荷のリスクが高まる恐れもあります。庫内に余裕のある作業スペースを確保することと、保管効率の向上は、トレードオフ（二律背反）の関係にあることを認識しておきましょう。保管の効率化を図ることがトータル物流コスト削減につながるわけではないのです。ただし、**保管効率が低ければ、賃料などに跳ね返ってきます**ので、スペースの有効活用を常に念頭においておく必要があります。

庫内スペースの最大保管容量が標準的なパレット（1.1m × 1.1m）換算で5000枚と考えた場合、現状はパレット換算で3300枚です。保管効率はいくらになるでしょうか。

3300枚÷5000枚×100＝66%

▶KPIの見方

庫内でラック、パレット、段ボールなどを用いて保管する場合、倉庫全体にぎっしりと保管することは、実務の立場から考えると難しいといえます。これは庫内に作業スペース、仮置き場、通路などを設ける必要が出てくるからです。

したがって、こうした庫内作業に不可欠な動線や予備的なスペースを除いた純粋な保管スペースは、倉庫全体の60～75%と考えられます。

カイゼンのポイント
保管と作業効率のバランスに配慮

スペースロス率

▶英語では   space loss rate

▶算出式

スペースロス率(%) = (ロススペース) ÷ (保管スペース
全体) × 100

▶何がわかるの?

保管できるにもかかわらず、なんらかの理由で保管が行われていないためにロスとなっているスペースがロススペースです。スペースロス率とは、保管スペース全体に占めるスペースロスの割合を示すKPIです。**保管効率とあわせてスペースロス率をチェックすることで、保管コストの適正化を図ることが可能になります。**

▶解　説

保管コスト削減を念頭に置く場合、スペースロスを避けることはきわめて重要になります。

スペースロスの代表的なものとしてはラックと天井との隙間が必要以上に空いている「高さロス」があります。天井高を有効に利用していないために発生します。

たとえば固定ラックなどを設置する場合は、保管エリアの有効梁下高さ(有効天井高ともいう。一般的な物流倉庫では5〜6m)と物品を保管するラックの最上段の高さの差が可能な限り小さくなるようにします。天井とラックの最上段の間にムダな空間がなるべく生じないようにします。

ラックなどにきちんと物品が保管されていない場合も「歯抜け」と呼ばれるスペースロスが発生します。ラックの実在

庫状況を常にチェックし、物品が保管されていない歯抜けのラック間口が発生していないか、しっかりチェックしなければなりません。物品の実在庫以上に各物品のラック間口を大きく取ることは、スペースのムダ使いとなります。歯抜けが多ければ、高さロスがなくてもスペースロスが大きくなるのです。ラックの仕切りも適時、調整するようにします。

また過度に仮置き場が設けられていると、仮置きが常態化して、そのために作業効率が著しく低下することがありますが、これも広義にはスペースロスの一種と考えられます、

保管場所が統一されていなかったり、物品ごとの保管場所がきちんと把握されていなかったりすると、必要以上に仮置き場が増え、スペースロスを誘発するのです。

仮置き場に限らず、入荷エリア、出荷エリアなどについても、「本来の目的通り使用されているか」に注目することで隠れたスペースロスを発見することが可能になります。

有効梁下高さが8mあるアパレルの物流倉庫で、高さ4mのハンガーラックを導入しました。スペースロス率はいくらですか。

4m÷8m×100＝50%
スペースロス率は50%になります。天井の高いアパレル倉庫では、メザニン（中二階）を導入してハンガーラックを二層とし、スペースロスを解消するという方策がよくとられます。

▶KPIの見方

高さロスは10〜15%以下、歯抜けによるスペースロスは25%以下が望ましいといえます。

カイゼンのポイント
仮置き場の最適化でスペースロスを削減

梱包空間率

こんぽうくうかんりつ

▶ 英語では packing filling rate

▶ 算出式

梱包空間率(%) = {(最大梱包可能容積) − (実梱包容積)}
　　　　　　　÷ (最大梱包可能容積) × 100

▶ 何がわかるの？

　梱包空間率は梱包されていない空間を最大梱包可能空間で割ることで求められます。

　梱包空間率を把握することで「段ボール箱などに品物が満たされていない空間がどれくらいあるか」という割合がわかります。**梱包空間率が高くなると、目に見えないところでスペースロス率が高くなるリスクがあります。**

▶ 解　説

　たとえば、大きな段ボール箱に小さな物品が1つしか入っていないような場合、梱包空間率は高くなります。その場合、段ボール単位での保管効率がいかに高くても、保管コストは割高になります。目に見えないかたちでスペースロス率が高くなってしまうからです。

　梱包空間率を下げるには、保管効率、積載率を向上させるとともに段ボール箱いっぱいに物品を詰めて、梱包空間率を可能な限り下げる工夫を行うことが求められます。

　たとえば段ボールのなかに物品を縦詰めにしていれるか、横詰めにしていれるかで梱包できる物品数が異なってくることがあります。梱包空間率を下げるには、最大梱包可能個数を正確に把握しておくことも求められてくるわけです。

56

ここでは段ボールの梱包空間率を取り上げましたが、同様のことはさまざまな物流容器で考えられます。

小売店舗への食品などの納入に使われる物流クレート（すかし梱包）や、パレット、かご車、コンテナなどの空間率、積載率が低ければ効率的な保管も輸送もできず、物流コスト高の要因となります。

現場レベルで梱包がムリ、ムラ、ムダなく行われているかどうかを常日頃からチェック、確認する習慣をしっかりつけておく必要があるといえるでしょう。

例題	1ダースの製品を入れられる段ボール箱のなかに、物品が6つしか入っていません。梱包空間率はどれくらいになりますか。
解答	（12個－6個）÷12個×100＝50%

▶KPIの見方

梱包空間がなければコストも最小となります。しかし、物流オペレーションを円滑に行うためには多少の空間内の隙間も詰め込み、取出し作業の際に必要となります。ぎゅうぎゅう詰めの状態ではかえって梱包内の物品の破損や劣化につながる恐れがあります。したがって、許容範囲は1～10%となるでしょう。

ただし40%を超える梱包空間率が発生している場合には、なんらかの対応が早急に必要になると考えられます。梱包空間率が高くなっている理由をつかみ、その理由は不合理なものであるならば早急に改善策を打ち出し、実践していく必要があるでしょう。

カイゼンのポイント
梱包されていない空間の最小化を実現

仮置きスペース占有率
かりお せんゆうりつ

▶ 英語では   provisional placement share rate

▶ 算出式

仮置き場占有率(%)＝仮置きスペースの面積(㎡)÷
保管可能面積(㎡)×100

▶ 何がわかるの?

保管可能面積に対して、仮置きのためのスペースをどれくらい設けているかを知るための計数です。

たとえば、検品作業などに際しては、きちんと仮置きスペースを設けて、そこでチェック、照合を行うことにします。**過度に仮置き場が設けられていると、仮置きが常態化して、そのために作業効率が著しく低下することがあるので注意が必要です。**

例題	面積1000㎡の倉庫で、作業などのための仮置き場が290㎡でした。仮置き場占有率はどれくらいになりますか。
解答	290㎡÷1000㎡×100＝29%

▶ KPIの見方

15〜20%以下に抑えておきたいところです。

カイゼンのポイント
仮置きの常態化の発生を徹底的に回避

58

在庫問合わせ応答時間
ざいこといあ　　　　　　　　おうとうじかん

▶ 英語では　　　inquiry time of inventory

▶ 算出式

在庫問合わせ応答時間（時間）＝応答完了日時－
　　　　　　　　　　　　　　　　　問い合わせ日時

▶ 何がわかるの？

　在庫があるかどうかを確認するのにかかる時間が「在庫問い合わせ応答時間」です。**クラウド型のリアルタイム在庫管理システムが導入されている場合、ユーザー端末などで瞬時に在庫を確認できます。**しかし、そうでない場合は担当者などの推測で判断されたり、問い合わせの翌日、翌々日以降の回答になったりするケースも少なくありません。

例題	商品の在庫について午後2時に問い合わせしましたが、回答が得られたのは翌日の午前10時でした。在庫問い合わせ応答時間はどれくらいですか。
解答	（回答日の午前10時）－（問い合わせ日の午後2時）＝20時間

▶ KPIの見方

　ユーザー端末で確認できない場合でも、15分以内に回答できるようにしておくことが望ましいといえましょう。

カイゼンのポイント
クラウド型の在庫管理システムを導入

倉庫賃料

そうこちんりょう

▶英語では　warehouse rent

▶算出式

倉庫賃料(月当たり)(円) = (坪当たり単価) × (坪数)

▶何がわかるの？

　倉庫賃料の設定方法は基本的に2通りあります。すなわち物品ごとに単価を設定する「個建て式」と、本項で取り上げている月単位での固定のスペース貸し方式です。

　自社保有の倉庫がない場合、物流不動産事業者、倉庫事業者などから倉庫を借りることになります。

▶解　説

　倉庫賃料を決定する最大の要素はロケーションになります。倉庫のデザイン、機能性も賃料に影響します。平屋か多層階か、あるいは自走式かそうでないかといったことも関係してきます。

　同時に物流センター、配送センターなどの戦略的物流施設の立地は物流戦略を大きく左右する重要なポイントとなります。したがって慎重に決定されなければなりません。港湾、幹線道路、鉄道などとのリンクがよく、配送先に近くなければなりません。さらにいえば用地を求めるにあたっては用途地域などにも注意する必要もあります。法規上の制限がある場合があるからです。

　また、24時間稼動できるかどうかも大きなポイントです。近隣から騒音などの苦情が出ないような環境にあるかをチェックする必要もあります。また物流施設の周辺にトラックな

どが待機できるかどうかも、ロケーションの決定における重要な条件となります。駐車場のレイアウトが十分に計算されているかどうかも重要です。

さらにいえば、サプライチェーンマネジメント（SCM）の普及という流れのなかで物流拠点の大型化が進行しています。庫内の自動化、無人化などへの対応から1社で2万㎡以上の施設を必要とするケースも増えています。

例題	坪（約3.3m²）当たり3000円の場合、1250坪（約4125m²）借りるとすると、月当たりの倉庫賃料はいくらになりますか。
解答	3000円×1250坪＝375万円

▶KPIの見方

一般に倉庫賃料は大都市圏の消費地に近くなれば高くなります。長期的に物品を保管するだけならば、そうした好立地で高額な倉庫賃料は負担になる恐れもあります。

もっとも、消費地に近い好立地については、「たとえ賃料が高くても構わない」という企業も多く、空室率はきわめて低くなってきています。「消費地から離れていても、賃料が安いほうがいい」と考える企業よりも「消費地が近ければ賃料がたとえ高くても、さまざまな条件を考えればプラスといえる」と考える企業のほうが多いといえるのです。

さらにいえば必ずしも大型倉庫にすべてを集約できるわけでもなく、小型の外部倉庫、バッファー倉庫などを消費地近郊に設けたいという需要も小さくありません。また、生産地に近接する倉庫も必要とされています。

カイゼンのポイント
物流拠点の運営コストを把握

欠品率
けっぴんりつ

▶ 英語では stock-out rate

▶ 算出式

欠品率(%)＝欠品発生件数÷総受注件数×100

【参考KPI】

滞留在庫比率（滞留在庫数÷全在庫数）、棚卸資産廃棄損（対在庫金額）なども把握しておくとよい

▶ 何がわかるの？

欠品がどれくらい発生しているかを知るKPIです。

「欠品率ゼロ」を標榜する企業も少なからずありますが、「品ぞろえの充実」と「在庫削減」はトレードオフ（相矛盾）の関係にあり、すべての商品の低欠品率を維持する絶対的な必要性があるかどうかは疑問です。

例題	店頭に500アイテムある商品のうち、17アイテムの商品の在庫が切れています。欠品率はどれくらいになりますか。
解答	17アイテム÷500アイテム×100＝3.4%

▶ KPIの見方

一般に欠品率は5%程度、発生するものと考えられます。

カイゼンのポイント
欠品率を適切に設定して在庫管理を効率化

指定日時遅延（順守）率
していにちじちえん　じゅんしゅ　りつ

▶ 英語では　delayed shipment rate

▶ 算出式

指定日時遅延率（%）＝出荷遅れ件数÷出荷総件数×100

▶ 何がわかるの？

　ジャストインタイム（JIT）納入を推進する際には、進ちょく状況を管理する物流指標である「指定日時遅延（順守）率」を重視します。

　たとえば、納入が午前中に集中してしまうと、大量に入荷した物品をいったん仮置きせざるをえなくなってしまいます。しかし午前中の入荷処理のまとめ作業が午後にまで繰り越せば、午後の入荷に対してのリアルタイム処理が難しくなります。その結果、作業者が残業しなければならなくなります。バッチ処理のための仮置きスペースも必要になります

> **例題**　総出荷数9000件のうち、出荷遅れが4件ありました。指定日時遅延率はどれくらいですか。

> **解答**　指定日時遅延率＝4件÷9000件×100＝0.04%

▶ KPIの見方

　指定日時遅延率が0.09%以下になることを目標とします。

カイゼンのポイント
緻密な生産計画に対応した納品体制の構築

保管コスト削減に向けてのカイゼン

（1）保管量に対しての適正規模

　「どれくらいの大きさの倉庫が保管効率、保管コストに見合った倉庫なのか」というのは、倉庫を賃借するうえできわめて重要なことです。

　「やがて在庫が現状よりも増えるだろうから大きめの倉庫を借りておけば間違いない」といった考え方は感心しません。倉庫賃料を余分に払うことにもなりますし、過剰在庫を誘発する要因ともなります。「保管スペースに余裕があるのだから在庫も増やしておこう」ということになりかねないからです。

　パレット単位の在庫量、出荷量をふまえて倉庫の適正規模を算出することができます。

　たとえば、2000㎡くらいの倉庫面積は、在庫量が10万ケース程度の部品倉庫にとって適正な規模でしょうか。この場合、センター内に物品をパレット単位で保管することを前提に必要な倉庫面積を求めることができます。まず、「48ケース＝1パレット」として、10万ケースをパレット単位に換算します。10万ケースは約2083パレットです。

　次に、パレットの標準サイズは1.1m×1.1mなのでこれを念頭に計算します。パレットは奥行き5パレット、3段積みで保管することにします。2083パレットの保管ならば、139列が必要になることがわかります。1列の面積は6㎡となるので、約834㎡が必要な面積となります。ただし、倉庫スペースすべてに物品が保管されるわけではありません。したがって保管効率を60％程度とすると、約1400㎡が適正規模と考えられます。

　また、「2000㎡の倉庫にはどれくらいの物品の保管が可能か」ということに関しても「約3000パレット、約14万4000ケース」と逆算して求めることができます。

▼

第4章

物流センター業務

誤検品率

▶英語では　　error inspection rate

▶算出式

誤検品率（%）＝誤検品件数÷総検品数×100

▶何がわかるの？

　誤検品とは検品に際して、対象となる物品の品目、数量などに誤りがあるままに検品荷処理されてしまったことを指します。**誤検品には検品品目が誤っている場合と個数が正確でない場合などが考えられます。**誤検品は誤入荷や誤出荷の原因となります。誤検品率をゼロにすることがしっかりとした検品体制を作り上げることにつながるのです。

▶解　説

　商品が店舗などに到着し、荷卸しが済めば入荷検品が行われることになります。通常、入荷検品においては入荷の予定データと実際の入荷データを見比べ、誤入荷がないかなどをチェックします。具体的にいうと、入荷品目、入荷数量、さらに食品などの場合には消費期限、賞味期限なども確認しなければなりません。

　ただし目視だけで行うと、どんな熟練者でも検品品目を見間違うリスクが少なからず生じることになります。また目視で行うならば、段ボールなどで入荷された物品は梱包を解いて中身を確認する必要もあります。

　なお、入荷に際しての誤検品は、誤出荷と表裏一体の関係にあります。誤検品が発生していなければ、誤出荷が発生する可能性も小さくなります。

入荷検品の時点での処理のミスがあると、本来ならば入荷するはずではなかった商品が入荷し、そのために在庫精度も落ちることになります。また、棚卸の際にも実在庫とパソコン上の在庫とが合わず、その理由を解明するために必要以上の労力がかかることもあります。

入荷に際しての誤検品に気がつかず、受注、あるいは棚卸などを行う段階になって、「あるべき商品が見当たらない」ということもあります。

さらにいえば、「どれくらい誤検品が発生しているか」を知る誤検品率は、たとえ低くても、その商品を扱う企業が信用を大きく落とす要因となることもあります。したがって、入荷検品体制を強化し、誤検品が発生するのを極力、防止するようにしましょう。もちろん、出荷検品についても同様に、ミスが出ないように十分な体制を組むようにしましょう。

例題	物流センターで6000件の出荷検品を行いましたが、店舗からの報告でそのうちの3件が検品ミスによる誤出荷であったことがわかりました。出荷検品に際しての誤検品率はどれくらいになるでしょうか。
解答	3件÷6000件×100＝0.05％

▶KPIの見方

誤検品については、少なくとも0.01％未満の高い精度が求められます。誤入荷が0.01％を上回るようならば、改善策を講じる必要があります。目視検品からバーコード検品への切り換えなどの検討も必要です。

カイゼンのポイント
目視検品は2人1組での指差し呼称を徹底

誤ピッキング率

▶英語では　picking error rate

▶算出式

誤ピッキング率（%）＝ピッキングミス行数÷
　　　　　　　　　ピッキング総行数×100

※ピッキング効率＝ピッキング総行数÷人時

▶何がわかるの？

　誤ピッキング率は物流センター運営におけるきわめて重要なKPIです。改善の方向性を検討する際などに誤ピッキング率がどれくらいなのかを見ると、その物流センターの効率性を知ることができます。

　誤ピッキング率が低ければ、その物流センターは納品ミス、納品遅れも少ないことがわかります。

▶解　説

　ピッキング作業は物流センター業務の中核となる作業です。「物流コストの30%が人件費」といわれており、さらにそのうちの70%はピッキング作業者の人件費といわれています。それだけのコストをかけて行われるピッキング作業なので、ミスが発生することはセンター運営を考えるうえで致命的となります。

　したがって、物流センターの効率化を進めるにあたっては、誤ピッキング率を正確に把握し、目標値を定め、数値を0%に近づけていく努力が不可欠となります。手荷役を可能な限り減らすことで誤ピッキング率の低下を図ります。つまり、無線ハンディターミナルの導入による手作業、手入力の

解消です。それによりピッキングや検品の作業ミスを防止し、作業に不慣れな非熟練者でも正確で迅速なピッキング、検品作業が可能になるのです。ピッキングなどの作業で手作業、手入力、手荷役といったハンドリングの回数を減らすことで、物流プロセスにおけるミスやエラーが発生することを防げると同時に、省力化も可能になるわけです。

また、ピッキングの際などに容易に見分けができないような機械部品などの類似品については勉強会を開催し、取扱う部品、製品についての基本知識を習得するようにしている企業もあります。

 例題　ある物流センターで、8000行数のピッキング作業でピッキングミスが4行発生していました。誤ピッキング率はいくらになりますか。

解答　4行÷8000行×100＝0.05%

▶KPIの見方

もちろん、0%であることが理想になります。ただし、大規模の物流センターの場合、相当な努力をしても、0%とはならないでしょう。ミスを完全になくすことは、どんなに優れている物流センターでも現実的にはなかなか達成できることではないのです。そこで近いレベルとして、0.005%以下という数字が1つの目安となります。0.0001%以下となれば理想にきわめて近い数字となります。少なくとも、0.01%以下のレベルは達成しておきたいところです。逆に0.05%以上の場合、早急に対策を立てる必要があります。

カイゼンのポイント
ピッキングミスの低減で誤出荷を未然に防ぐ

誤出荷率

<ruby>誤<rt>ご</rt></ruby><ruby>出<rt>しゅ</rt></ruby><ruby>荷<rt>っか</rt></ruby><ruby>率<rt>りつ</rt></ruby>

▶英語では error shipping rate

▶算出式

誤出荷率（%）＝誤出荷クレーム件数÷総出荷数×100

【参考KPI】

出荷指示遅延件数＝期日以降の出荷指示件数

▶何がわかるの？

　誤出荷とは出荷に際して、対象となる物品の品目、数量などに誤りがあるまま出荷処理されてしまったことを指します。**誤出荷には出荷品目が誤っている場合と、個数が正確でない場合などが考えられます。**

▶解　説

　物流センター側の責任で納品ミスが起こる原因となるのが誤出荷です。ピッキングミス、検品ミスなどが原因で起こります。配送先は正しくても、アイテムや個数が異なってしまったり、段ボールなどに間違った送り状が貼られてしまったりするケースが考えられます。

　物流センターが人手不足であわただしく回転しているような状態は可能な限り回避しましょう。

　また、**誤ピッキング率が低ければ、誤出荷も少なくなります。**誤ピッキングを減らすためには、ピッキングリストを作業者がアイテム名、個数などを間違えないように視覚的に工夫しましょう。作業者名を記入して責任の所在をはっきりさせることも有効です。

　出荷検品の際には各アイテムの配送先や配送別の個数が

正確か、荷札が正しく段ボールに貼られているかなども入念にチェックするようにしましょう。

さらにいえば、人手不足で物理的に迅速に精度の高いピッキングが行えないようならばデジタルピッキングシステムを導入し、ピッキング精度とピッキングスピードの双方の向上を図ることにします。出荷にあたっては、各アイテムの配送先が正確か、各アイテムの個数が配送先別にあっているかどうか、荷札が正しく段ボールに貼られているかなどを入念にチェックするようにします。

誤出荷などの出荷ミスの多発を避けるためには指差し呼称を徹底することが効果的です。視聴覚をフル活用して集中力を高め、ミス、リスク、危険な状態などを回避するために行われます。2人1組で互いに向かい合うなどして、対象物をよく見て、大きな声で「……よし！」と、指で示して確認するようにします。声をだして行うことで、マンネリ感から来るヒューマンエラーを防止できるのです。

 例題

物流センターで1万6000件の出荷を行いましたが、店舗からの報告でそのうちの4件が検品ミスによる誤出荷であったことがわかりました。出荷に際しての誤出荷率はどれくらいになるでしょうか。

解答

4件÷16000件×100＝0.025％

▶KPIの見方

誤出荷率については、0.01％未満の高い精度が求められます。0.0001〜0.005％以下という数字が理想となります。1％を上回るようならば、抜本的な対応が必要になります。

カイゼンのポイント
物流センターの作業工程のミスをチェック

フォークリフト稼働率

▶ 英語では　forklift operation rate

▶ 算出式

フォークリフト稼働率（%）＝（空荷状態ではない）稼働
時間÷総作業時間×100

▶ 何がわかるの？

　フォークリフト稼働率（以下、稼働率）とはどれくらいフォークリフトを稼動させたのかの割合を示すKPIです。フォークリフトが空荷で走行を続けていたり、荷待ち時間が長くなっていたりすれば稼働率が下がり、物流効率が低下し、コスト高にもなります。

▶ 解　説

　物流センター業務にかかるコストを削減していくためにはフォークリフトをいかに管理して効率的に稼働させていくかも大きなポイントとなります。フォークリフトは一般的な物流機器で、重量物の運搬作業の効率アップに不可欠です。正しい知識のもとに管理される必要があります。

　一般にフォークリフトはディーゼル、天然ガス、ガソリン、あるいはバッテリーなどを動力源としています。パレットと併用するというかたちで作業に使われます。そのため、パレット1枚当たりの荷役生産性についても着目する必要があります。

　なお、1トン以上のフォークリフトの運転は「フォークリフト運転技能講習」を修了した者でなければ行えないことになっています（1トン未満でも特別の教育を受けさせること

が事業者に義務付けられています）。

　庫内環境を考慮してバッテリー使用のフォークリフトを使用することが多くなっていますが、バッテリーの性能や費用対効果で活用法を判断する必要があります。というのはバッテリー使用のフォークリフトは長時間使用できないタイプのものもあるからです。また、ドリンク類などの重量の大きい液体を取り扱う場合、パワーのあるディーゼルなどが必要となることもあります。

　ちなみにフォークリフトは日本の物流の現場では50年以上にわたって活用されてきています。その歴史は長く、世界初のフォークリフトは1920年代に米国で発明されたといわれています。日本で国産第1号が登場したのは1949年のことで、現在、世界の主要フォークリフトメーカーの半数を日本メーカーが占めています。

　物流センター内でのフォークリフトの稼働状況についてチェックしたところ、日次ベースで8時間の作業中、空荷状態、荷待ち状態ではない稼働時間は3時間ほどでした。その場合の実稼働率はどれくらいになりますか。

　3時間÷8時間×100＝37.5%

▶KPIの見方

　庫内オペレーションにより状況は大きく変わりますが、実稼働率は50％がひとつの目安になります。もちろん、それよりも高ければより望ましいことは明らかです。またフォークリフトの積載率についてもチェックしておくとよいでしょう。

カイゼンのポイント
フォークリフトの稼働状況を入念にチェック

出荷定刻内処理率
しゅっかていこくないしょりりつ

▶ 英語では　shipping prescribed treatment rate

▶ 算出式

出荷定刻内処理率(%) =定刻内処理量(出荷総依頼件数
　　　　　　　　　　　　－積残件数)÷総処理量(総出
　　　　　　　　　　　　荷依頼件数)×100

▶ 何がわかるの？

　庫内の出荷作業において、決められた作業時間内（定刻
内）に残業なく処理できるかを見るKPIです。残業が発生す
ればそれだけ人件費がかかることになります。定刻内にしっ
かり作業が終わるように、オペレーション管理を行う努力が
求められます。

▶ 解　説

　出荷プロセスをまとめておきましょう。

　工場や物流センターで出荷指示が出ると、物品は保管エリ
アからピッキングリストに基づいてピッキングされます。ピ
ッキングに手間がかかるようならば、パートさんの人件費も
かさむことになります。ピッキングが効率的にミスなく行え
れば出荷業務も円滑に進むことになります。

　「どの部品がどれくらい出荷されているのか」ということ
を常にチェックし、それまで**出荷の多かった部品の出荷量が
減少すれば、それにあわせて保管ロケーションを変更してい
く**ことも重要です。

　ピッキングが終わると物品は梱包され、方面別の仕分けが
行われます。あわせて納品書の発行や出荷検品が行われま

す。

　無論、梱包や出荷処理が複雑ならば、物流コストも増大することになり、出荷定刻内処理率も下がります。包装の簡素化を推進することで迅速にムダなく出荷処理を行うこともきわめて重要です。物品は仮置きを経てトラックに積み込まれます。仮置き場のスペース管理がきちんとできているか、また出荷先へのトラックの積載率やトラック便数、車両規模などが適切かどうかも入念に検証する必要があります。出荷時間や運行スケジュールを調整し、定時に集荷してもらうことで物流コストの削減が可能になります。その点からも出荷定刻内処理率の向上を図る必要があるわけです。

　なお、重量物が頻繁に出荷される工場などでは、フォークリフトによる荷役が中心となります。物品を破損させることなく迅速に運ぶには、人力よりもフォークリフトが適しているでしょう。また、出荷量がある程度計算できる安定した荷動きを見せる部品などが多ければ、高速タイプの自動倉庫や流動ラックが威力を発揮します。

　日次ベースで商品出荷総件数が15万件のセンターで1件の処理が遅れ、定刻内に処理が完了したのは14万件でした。出荷定刻内処理率はいくらですか。

　（15万件−1万件）÷15万件×100＝93.3%

▶KPIの見方

　理想をいえば定刻内に100%処理することが望ましく、そのための努力、工夫、改善が必要になってくるでしょう。

カイゼンのポイント
出荷処理の効率化を推進

クレーム発生率

はっせいりつ

▶英語では claim occurrence rate

▶算出式

クレーム発生率(%)=クレーム発生件数÷出荷指示数
×100

▶何がわかるの?

　物流センターにおける出荷指示数に対してどれくらいクレームが発生したかを示すKPIです。誤出荷、誤配送、遅配、汚損、破損などが主なクレームの要因となります。

▶解　説

　物流についてクレームが発生した場合、すみやかに荷主、あるいは顧客などに謝罪するとともに、二度と同じミスが発生しないように「どうしてミスがおきたのか」を調査し、対策を立てなければなりません。

　物流クレームが発生することで、顧客、荷主などからの信用低下、返品、緊急出荷などの本来ならば必要なかった余分な経費（物流コスト）が生じることにもなります。

　たとえば、誤出荷やピッキングミスが発生し、それに起因するクレームが顧客、あるいは荷主企業などからきた場合、どのような対応策をとればよいでしょうか。この場合、たんに責任者を呼び出して注意したり、迷惑をかけた先方に謝罪に行かせるだけではなく、「再発を防止するにはどうすればよいか」ということ組織内でしっかりと考える必要があります。その点をふまえて「クレーム処理報告書」、あるいは「物流業務・ヒヤリハット報告」を作成し、対策を立てるように

します。

　もちろん、たんに報告書を作成するだけではなく、「クレームが絶対に発生しないようにしよう」という現場の意識を高めていく努力も重要です。

　なおクレーム処理報告書では「どのようなミスがいつ、どこでだれによってどうして発生したか」を整理し、そのためにどのような対策を立てるか、再発防止策についても言及します。さらにはクレーム処理報告書は一定期間ごとに見直し、集計、分析し、作業者に再発防止策などの情報をフィードバックします。

　クレーム処理報告書にはクレームの発生した部署の責任者、担当者、顧客名、クレームの種類、クレームの概要、発生原因、クレームへの対応、今後の再発防止策などを記載します。また、可能ならば現場の写真も撮って貼付しておくとよいでしょう。

例題　　出荷指示数、3万件に対してのクレーム発生件数は9件でした。クレーム発生率はどのくらいになりますか。

解答　　9件÷3万件×100＝0.03％

▶KPIの見方

　たんに「クレームが少なければよい」というわけではありません。1件のクレームが社運を大きく傾けるリスクさえもあります。さまざまなリスクを考えると0.01％以下には抑えたいところです。また、クレームが発生した原因の解明などのフィードバックも重要です。

カイゼンのポイント
適切で迅速な指示体系を構築

にんじせいさんせい
人時生産性
にんじあらりえき ろうどうせいさんせい
(人時粗利益、労働生産性)

▶ 英語では   human-hour gross profit

▶ 算出式

人時生産性(円)=粗利益高÷総人時(従業員数)

▶ 何がわかるの?

　人時生産性は、社員、パート、アルバイトなど従業員すべてを対象とした、**労働時間1時間当たりの粗利益高を示すKPI**です。人時当たり、どれくらいの粗利益高が出ているかを知ることで、作業効率性の改善などの指標として活用できます。各人がどれくらいの作業ノルマを持って働けばよいかといった目安を数値で示すことになります。物流においては、ピッキング、仕分け、梱包などの物流センター業務についてライン別、時間別、あるいは個人単位で数値をとり、分析することが可能です。

　なお、人時生産性は労働生産性といわれることもあります。

▶ 解　説

　生産性をマンパワーの視点から捉えた計数が人時生産性です。粗利益高は売上高から売上原価を引いて求めますが、これを従業員数、あるいはさまざまな作業の総人時で割って算出します。人時ではなく従業員を分母とする場合、総人時を1人当たりの労働基準時間で割って、従業員数を算出するのが一般的です。人時を従業員数に換算することによって、ど

れくらいの従業員が、実際の作業などにどれくらい従事しているかがわかります。

人時生産性を求めることによって、マンパワーの投入が粗利益高の増大にどれくらい効果があるのかを知ることができます。人時生産性が低い場合はその作業、現場に従業員をより多く投入しても、予測される粗利益高の上昇率がそれほど大きくない可能性が高いと考えられます。

人時生産性が低い場合、従業員の再教育、現場の段取り、作業プロセスなどの改善、班・チームなどの再編成といった対応策を打ち出す必要があるといえます。従業員がどのように作業を行えば効率的かを入念に検討する必要もあるでしょう。

例題	総人時が100人時で粗利益高が55万円でした。人時生産性はどれくらいになりますか。
解答	55万円÷100人時＝5500円

▶KPIの見方

人時生産性は企業全体で考える場合、日次ベースで5000〜7000円程度、小売現場などでは7000〜8000円程度と考えられています。したがってこの数字よりも低い場合は改善の余地があるといえるでしょう。人時生産性はこの目安よりも高ければ高いほどよいということになります。

もちろん、作業によりKPIの目安は多岐にわたります。一般に予測値と実測値の比較、改善前と後の比較などでKPIの理想値の目安が求められます。

カイゼンのポイント
作業時間や作業者数の標準化の指標として活用

活動原価基準

かつどうげんかきじゅん

▶ 英語では　　Activity Based Costing

▶ 算出式

活動原価基準(円)＝アクティビティコスト(業務コスト)÷
処理量

▶ 何がわかるの？

　活動原価基準を求めることにより、アクティビティ（業務単位）ごとの原価を把握することが可能になります。顧客別、あるいは商品別の物流コストや受注1件ごとのコストを掌握することが可能になります。

▶ 解　説

　活動原価基準はハーバード大学のロバート・キャプラン教授などにより1980年代に提唱された理論です。製造、作業工程ごとにどのように固定費がかかっているかを明確にするという考え方です。

　活動原価基準の計算は以下のように進められます。

　物流センターなどの工程について、検品、ピッキング、格納、出荷などに細分化します。次に細分化されたアクティビティごとに作業時間や原材料の使用量などを割り出します。

　さらにそれぞれの業務を処理する単位を決めます。たとえば搬入ならその単位を「パレット数」のようになります。

　またアクティビティごとの原材料コスト、空間コストなども求めます。値札、シールなどの流通加工材料費や箱代などの包装材料費、パートなどの人件費がこれに当たります。最後に各アクティビティのコストを諸活動の処理量で割ればそ

れぞれの単価が算定できます。

加えていえば顧客別、商品別の原価集計を行うことも可能となります。

ただし、**活動原価基準で求められる単価は一定期間内のみで使われるものとなります**。季節が変わったり、商品の売れ筋が変わったりすれば、いったん計算された単価が変わることが考えられるからです。一例をあげれば繁忙期と閑散期とではアクティビティごとの組立作業の単価は大きく変わってくるかもしれません。正確な単価を求めようと思えば、細かく頻繁に業務ごとの単価を計らなければならないでしょう。したがってそうした手間を省く意味からも、作業調査における活動基準単位ごとの1回の計測時間は10〜20分程度にとどめたいところです。

ある工場の組立作業は、6人の作業者で、処理量は18万2000セットでした。月次ベースでのトータルコストは130万円でした。活動原価基準はいくらでしょうか。

1セット当たりの活動原価基準は、
130万円÷18万2000セット＝7.14円

▶KPIの見方

作業ごとに実測値を求め、そのうえで目標値、あるいは理論値を設定するようにします。複数回の計測で現場の活動原価基準がはっきり見えてくることになります。

検品やピッキングの活動原価基準を求めることで、物流センター業務のコスト削減の方向性や方針を立てることが可能になります。

カイゼンのポイント
物流プロセスの作業コストを可視化

庫内貨物破損率

こ な い か も つ は そ ん り つ

▶英語では　warehouse freight accident rate

▶算出式

庫内貨物破損率（%）＝庫内貨物汚損・破損点数÷
　　　　　　　　　　　出荷総点数×100

※汚破損率＝汚破損発生件数÷出荷指示数

▶何がわかるの？

　庫内貨物破損率とは、荷役時の貨物の汚損および破損の点数が出荷総点数に占める割合を示したKPIです。

　汚損や破損は、貨物の取扱いの際の不注意、あるいは梱包に不備があったり、脆弱であったりしても発生します。また破損や汚損があると、それが原因で遅配を招くことも十分考えられます。

　庫内での貨物事故を防ぐには貨物を放り投げたり、乱暴に扱ったりしないなど、貨物の取扱いを慎重に行うように作業者への教育を徹底することに加え、梱包を輸送形態にあわせてしっかり行うようにしなければなりません。

　なお、保険をかけておくことで庫内貨物事故の補償を得ることができます。

▶解　説

　物流プロセスにおけるさまざまなリスクについては、保険でカバーできるものが少なくありません。リスクが少なからず存在すると判断した場合には、保険に加入してリスクの発生に備えることが、リスクマネジメントの視点からも望まれることになるわけです。

保険には生命保険、介護保険などの人を対象とした保険と損害保険と呼ばれる特定の物や財産を対象にしたものがあります。**物流事業に関係のある保険としては、貨物保険、船舶保険、航空保険、自動車保険、自動車損害賠償責任保険、火災保険、動産保険、盗難保険などが考えられます。**

さらにいえば、運送中の事故などの幅広い種類の事故を対象とする動産総合保険で物流業務中に発生する一連の補填を得るほうが、個々の保険に入るよりもムラなくリスクを回避できるかもしれません。荷主企業や物流企業向けにパッケージになった「物流保険」を用意している保険会社もあります。

運送保険には、「荷主企業が付保する運送保険」と「運送会社が荷主などに対して負担する損害賠償を補填する損害責任保険」があります。荷主企業が付保する運送保険には、毎回の輸送ごとの保険と期間建ての保険の二種類があります。火災保険は物流センターや保管・格納されている物品が対象になります。倉庫会社などの物流センター自体や保管されている物品が焼失した場合の補填が行われます。

例題	3200点の物物の輸送のうち、4点に破損が発見されました。庫内貨物破損率はどれくらいですか。
解答	4点÷3200点×100＝0.125%

▶KPIの見方

取扱う物品により庫内破損率は異なりますが一般に0.005〜0.01%以下に収めることが望ましいといえるでしょう。

カイゼンのポイント
破損の多発からオペレーションに潜むムリやムダを発見

緊急出荷率

きんきゅうしゅっかりつ

(▸英語では) urgent shipment rate

(▸算出式)

緊急出荷率（%）＝年間緊急出荷件数÷年間出荷総件数
$$\times 100$$

(▸何がわかるの？)

　年間出荷総数に対して占める緊急出荷件数の割合が緊急出荷率になります。緊急出荷率は可能な限り低いことが望まれます。

　たとえば、定期便や混載便の集荷時刻に間に合わなかった物品は、別便により出荷されることになります。しかしこうした緊急出荷は当然ながら割高になります。**緊急出荷が多ければ、工場や物流センターはその対応に追われ、残業も必然的に増えることになります。輸配送費がかさむだけでなく、人件費も増えることになるのです。**

　したがって緊急出荷は最小限に抑えたいところです。オーダーを迅速に処理する体制が構築されれば緊急出荷はかなり減少するはずです。

　また特定の顧客へのサービスのために緊急出荷が行われることもあるでしょう。その場合も「過剰なサービスになっていないか」ということを慎重に検討するべきでしょう。

(▸解　説)

　取引先などの緊急の要請のためにやむを得ず行われる緊急出荷については十分な話し合いを行い、対応することになります。ただし、**ヒューマンエラーが原因の緊急出荷は防がな**

ければなりません。

緊急出荷と表裏一体の関係にあるのが「未出荷」です。

未出荷の発生を防ぐことで緊急出荷率を下げることが可能になります。未出荷とは、発注されているにもかかわらず、何らかの理由で出荷処理がきちんと行われず、そのために商品が発送されないという作業ミスです。もちろん、そのまま放置しておけばいつまでたっても商品は納入先に届きません。伝票上では出荷されたことになっているのに、実際には出荷されていないのです。

そのため未出荷を放置しておくと、納品先から「先日、注文した商品がまだ届いていないので至急、納品してほしい」といったかたちで依頼が来ることがあります。それが緊急を要する事態であると緊急出荷につながります。

きちんと受発注業務が行われていれば未出荷は発生しないはずです。物流センターにおける日常業務の基本をしっかり身につけ、正確にこなしていくことで未出荷、さらにはその延長線上にある緊急出荷も回避できるのです。

例題	年間出荷件数が10万件ある企業で緊急出荷が1200件ほどありました。緊急出荷率はいくらになりますか。
解答	1200件÷10万件×100＝1.2%

▶ KPIの見方

業界・業態、ビジネスモデルなどにもよりますが、緊急出荷率が5～10%を超える場合はその原因を究明し、改善が可能かどうかを調査する必要があるでしょう。

カイゼンのポイント
緊急出荷の合理性を適時検討

かご車紛失率

しゃふんしつりつ

▶ 英語では　roll box palette operation rate

▶ 算出式

かご車紛失率（%）＝かご車紛失数÷かご車保有総数×
100

▶ 何がわかるの？

　かご車とは庫内、店舗内などの運搬、搬送に用いられる格子状、あるいは車輪のついたかご状の物流容器です。かご車紛失率とはそのかご車が着先などから帰って来ず、どのくらい紛失しているかの割合を示すKPIです。

　かご車は出荷先、納品先などから返却されず、そのまま行方不明になることも少なくありません。しかしそれを放置すれば、代替かご車の新規購入にかかるコストもかなりの額になります。したがって庫内のかご車管理を十分に行い、かご車紛失率を低下させるさまざまな努力が必要です。

▶ 解　説

　かご車の紛失を防ぐためには、まずはかご車がどのような動線を展開し、どこで滞留してしまうのかということをしっかりと把握する必要があるといえます。かご車1台の小売価格は1〜2万円以上することを考えると、紛失数が多くなれば、補充するためのコストも相当にかかることになるわけです。したがって紛失率を低く抑えるための工夫が必要になってきます。

　たとえば、かご車にRFIDタグをつけて着先情報管理を徹底させている企業もあります。かご車管理とWMS（Warehouse

Management System：倉庫管理システム）などとの連動も進んでいます。

また出荷先での紛失に際しては弁済を求めることで「かご車は無料ではない」という意識を着荷主に強く持ってもらうことも必要です。かご車紛失率が低下し、かご車の新規補充が少なくなれば、誤出荷、遅配なども減少します。

もっとも、物流プロセスにおいてかご車がどのような理由や状況で紛失するのかという実態は必ずしも明らかにされていません。従来はかご車がなくなっても「しかたがない」という一言で済まされることも少なくありませんでした。

しかし、近年はかご車管理に対する意識が急速に高まり、「紛失率を低下させることにより物流コストを低減できる」という意識が強くなってきています。**ちなみにパレット紛失についても同様です。**

	管理しているかご車500台のうち、70台が紛失していることがわかりました。かご車紛失率はどのくらいですか。
	70台÷500台×100＝14%

▶KPIの見方

年次ベースで5〜10%程度の紛失率が一般的とされていますが、それは望ましい数値ではありません。その数値から大きく改善する必要があります。例題の場合は平均以上の紛失率で今後の改善が必要といえるでしょう。

かご車の紛失率の低下について効果的な対策をとっている企業はまだ少ないものの、紛失率を1%以下に抑えることができれば理想的といえるでしょう。

カイゼンのポイント
貨物追跡情報とのリンクで紛失を抑制

物流センターにおける在庫管理の基本「先入れ先出し法」

　「先入れ先出し法」とは、物流センターに保管した物品を出庫する際に、先に入庫されたものから順番に取り出す方法です。「物流センターの入荷順に出荷していく」方式です。

　保管が長期に渡れば、物品によっては品質が劣化する恐れも出てきます。そこで「物流センターに先に到着し、格納・保管している物品から順番に出庫、出荷する」ことで、そのリスクを最小限に抑えます。商品管理では基本的な考え方ですが、物流センターでも徹底されることになります。

　もちろん品質劣化だけではなく、季節波動や流行波動の大きい商品についても先入れ先出しによってタイムリーな出荷を実践することが可能になります。

　先入れ先出しを念頭に保管を行う際、平積みよりもラック保管のほうが、作業しやすくなります。平積みでは下積みとなった物品から取り出す際に、上に乗っている物品を動かす必要があります。そこで入庫、格納、出庫といった一連の作業をスムーズに行える流動ラックを活用することが効果的になるケースが少なくありません。また、自動倉庫の設置も有効です。

　パレット直置き保管で先入れ先出しを行う場合は、製造ロット番号を確認し、古い番号から順に出庫します。異なるロット番号の製品を混ぜて保管しないように区画を変えて格納するなど、注意しなければなりません。

　なお、対立的な概念としては先に入庫させたものを奥に入れ、後から格納したものから取り出す「先入れ後出し」があります。ただし、先入れ後出しでは商品などの保管期間にばらつきが生じて、品質劣化をまねく危険が出てきます。家電などの場合、「新型を出荷したあとに旧型を出荷する」というリスクも出てきます。特殊な理由がない場合は、物流センターでは避けることが賢明でしょう。

第5章

静脈物流

リサイクル率

▶英語では recycle rate

▶算出式

リサイクル率(%)＝リサイクル量÷総販売量×100

▶何がわかるの？

　使用済商品などをどれくらいリサイクルできたかをはかる指標がリサイクル率です。

　リサイクル率は商品特性によって異なります。たとえばペットボトルなどの容器の場合はオフィス、店舗などに専用の回収ボックスが設置されていることも多く、リサイクル率は高くなります。しかしアパレル商品などについてはリサイクル対応のための回収はほとんど行われていません。したがって業界の特性を見定めながら、リサイクル率の目標値を設定する必要があります。

▶解　説

　廃棄物処理の大きなトレンドは、資源確保の観点などから可能な限りリサイクル、リユースなどを推進し、循環型社会の構築、高度化を目指すことです。

　そうした流れのなかでわが国では「資源の有効な利用の促進に関する法律」（資源有効利用促進法）が制定されました。同法では3R（リデュース、リユース、リサイクル）の促進について定められています。そしてさらに各業界のリサイクル事情に対応すべく自動車、家電、食品などの個別のリサイクル法が制定されました。もっとも中間処理施設を充実させ、最終処分量を減らすだけではリサイクルなどを円滑に

90

推進することはできません。コスト面などの負荷を抑えつつリサイクルを推進できる、環境調和型の循環物流システムの構築も必要になっています。同時に**リサイクル率を上げるには、使用済みの製品をリサイクルなどがしやすいかたちで設計、企画段階から考慮し、流通チャンネルに流す工夫が必要**です。

近年、スーパーなどに回収ボックスを設置し、家庭で洗浄された容器を納品した帰り便を活用して回収するというスキームが注目を集めています。

小売業としては買物客に排出元としての機能を提供する見返りに、家庭には洗浄などの手間の負担を求めます。店舗に回収ボックスを設置することは小売業と買物客のみならず、運送事業者にも大きなメリットがあります。帰り便の有効活用が可能になるからです。

例題	年次ベースである企業のペットボトル販売量（総重量）が58万トンで、リサイクル量48万トンでした。この企業のペットボトルのリサイクル率はいくらになりますか。
解答	48万トン÷58万トン×100＝82.8%

▶KPIの見方

PETボトルリサイクル推進協議会が発表している販売総量に対する使用済みペットボトルのリサイクル率（2020年度）は、88.5%でした。したがって例題の場合、やや低い数値となっています。ただし、リサイクル率を100%とするのは、廃棄物に発生する残さの関係もあり、容易ではありません。

カイゼンのポイント
循環型社会の構築の中心的KPI

へんぴんりつ
返品率

▶ 英語では return rate

▶ 算出式

返品率（%）＝返品数÷（販売数＋返品数）×100

▶ 何がわかるの？

　返品率とは、小売店においてどれくらいの商品が売れ残り、物流センターなどにその商品が返送されるのかを示すKPIです。**返品率が高ければ返送に際してのコストも高くなります。**また、返品を再度、伝票処理をして物流センターやメーカーなどの倉庫に戻さなければなりません。

　「返品にいかに対応するか」は商品管理の重要なポイントです。返品を受ける側の立場から考えると、商品が返品されることで、本来ならば必要ないコストが発生するなど、かなりの負担が物流システム全体にかかります。返品により保管スペースが圧迫され、過剰在庫の増大にもつながります。

　また、返品された商品には名義を変更したり、包装を一新したりして転売されるものも多くあります。さらにいえば荷役業務にも在庫管理にも多大の手間がかかります。

　無論、保管場所を返品が占めれば、売れ筋商品の機会損失にもつながる危険性もあります。

▶ 解　説

　アパレルなどでは、季節の変わり目で新季節商品の出荷と前季節商品の返品が重なるため、「物流量が通常の数倍になる」ということもあります。しかし前季節の返品が生じたときに、「出荷優先」での対応をすることは避けなければなり

ません。**返品の把握が遅れれば、在庫処分に後手を取り、大きな損失をこうむることもあります。**

返品対応として最も重要なことは「返品状況の可視化の徹底」です。当たり前のことですが、返品の荷受け、検品、在庫システムへの登録、格納、保管をしっかりと行わなければなりません。「返品処理はまとめてあとで行えばいい」、「返品在庫は物流センターの隅のほうに積んでおく」といったことは避けなければなりません。たちまちにして返品の山に囲まれることになるでしょう。

また返品在庫は迅速に処理する必要もあります。通常の物流センターの作業プロセスとは異なるので、時間がかかることもあります。タイムリーに対応しなければ保管スペースなどの確保に苦慮することもあります。あらかじめ返品の総量についても予測し、スピーディーに対処できる体制を整えておくのです。

例題	アパレル小売店に季節商品を200点納入したところ、18点が返品されました。返品率はどれくらいですか。
解答	18点÷200点×100＝9%

▶ KPIの見方

取扱商品により返品率は大きく異なります。書籍などの場合は50%を超えることもあります。

また、近年ではネット通販の返品率が上昇傾向にあります。返品を許容することでビジネスチャンスを拡大する方針をとる企業も増えています。

カイゼンのポイント
返品率の向上に合わせた物流システムを構築

リユース率

▶英語では　reuse rate

▶算出式

リユース率（%）＝リユース量÷総販売量×100

▶何がわかるの？

　使用済商品などをどれくらいリユース（再利用）すること
ができたかを測る指標がリユース率です。リユースはリサイ
クルの一種ともいえますが、**リユースの場合は完成品、ある
いは部品、資材などについて使用済商品をそのままの形状で
再利用することを意味します。**SDGsの視点からもリユース
に注目が集まっています。

▶解　説

　リユースの可能性を産業別に整理すると次のようになりま
す。
①自動車業界
　中古自動車の市場はすでに確立されています。ただし自動
車業界ではそれに加えて、部品のリユース、さらにはサプラ
イヤーと自動車メーカー間での通い箱の使用などが行われて
います。タイヤについては、海外では更生（再生）タイヤの
活用が広がっています。
②家電・パソコン業界
　中古家電、パソコン市場に加えて部品のリユース、調達物
流などにおいて通い箱の活用が行われています。中古パソコ
ン市場などは拡大の一途です。

③飲料水・食品業界

商品自体のリユースは難しいですが、ビンなどの容器がリユースの対象になります。

④アパレル業界

古着市場の確立、拡大に加え、業界の共通基盤となるハンガーのリユースシステムが構築されています。

リユース型衣料品ハンガーの事例としては、百貨店統一ハンガーが知られています。縫製工場の生産用ハンガー、アパレルの物流用ハンガー、百貨店の陳列用ハンガーを一つにまとめ、使用済みハンガーは統一ハンガー指定のリフォームセンターで洗浄、補修、仕分け、保管され、縫製工場に戻されるというスキームです。

⑤物流事業者

物流事業者のリユース対象品目としては、通い箱、PPバンド、パレットなどが考えられます。

 例題

あるオフィス機器について1万台のうち、6000台がリユースとして再使用されていることがわかりました。リユース率はどれくらいですか。

 解答

6000台÷10000台×100＝60％

▶KPIの見方

リユース率の把握は企業単位ではなかなか難しく、また業界によって大きな差があります。なお、近年は製品のリユースではなく、部品、素材などのリユースを進める動きが大きくなっています。リペア部品の普及状況などもふまえて、リユースを推進する必要があるでしょう。

カイゼンのポイント
SDGsの視点からの持続可能な部品、素材の活用

収集運搬平均積載率

しゅうしゅううんぱんへいきんせきさいりつ

▶ 英語では　average carry efficiency for collection and transport

▶ 算出式

収集運搬平均積載率(%) =
　　収集運搬トンキロ÷能力トンキロ×100

▶ 何がわかるの?

　収集運搬平均積載率とは、トラックに十分な量の荷が積み込まれているかどうかを知るためのKPIです。

▶ 解 説

　静脈物流の主要機能となる収集運搬の効率化の度合いを測るKPIが収集運搬平均積載率です。**収集運搬平均積載率を上げるためには、長期的にはしっかりしたIT武装を行う必要があるでしょう。**静脈物流ではマニフェストが義務化されていることから、それを情報ネットワークに組み込む必要があります。電子マニフェストを普及させることが静脈物流のIT化には不可欠といえます。

　また収集運搬する物品については飛散、悪臭、有害性などのリスクを考慮すると、動脈物流の輸送以上に厳しい管理を行う必要性が出てきます。他方、リードタイムや在庫管理については動脈物流よりもゆるやかになりますので、多頻度小口輸送ではなく大量輸送が可能になります。

　ただし、収集運搬の種類の混合の割合などの予想が難しいケースも考えられます。さらに収集運搬のタイミングや輸送量、重量などの予想が容易ではないというケースも考えられます。そしてこういった静脈物流の制約条件をふまえたうえ

で、収集運搬経路の最適化などを考えて、収集運搬平均積載率の向上を図る必要があるのです。拠点候補地、拠点数、対象物、排出量、収集運搬形態などをベースにどのような選択肢が最善かを考えていく必要もあります。

たとえば、中間処理施設の処理能力、稼働時間、収集運搬のトラック台数などを考慮して、収集運搬の経路や必要車両台数を決定する「静脈物流・収集運搬管理システム」などについての導入も進展し始めています。

実務においても産学連携などの研究においても廃棄物運搬車両へのGPSの搭載や、処理工程における積み込み、荷卸しなどの管理システムの研究、開発も進んできました。

例題	収集運搬に際して廃棄物の積載可能量が10トンのトラックに4トン分の廃棄物を集荷し、10km走行したあと、さらに2トンの廃棄物を集荷し、10km、そのうえで1トンの荷を積み、40km走行しました。収集運搬平均積載率を求めてください。
解答	{(4×10)+(6×10)+(7×40)}÷(10×60)×100 ＝63.3%

▶ KPIの見方

収集運搬車両1台当たり70〜80％以上を目標値として設定することが一般的です。

ただし、廃棄物の運搬の場合、数量ベースではなく重量ベースで積載率が判断されるので、荷台全体に運搬物が満載されないケースも出てくることになります。

カイゼンのポイント
リバースロジスティクスの効率化を推進

トラック輸送CO₂排出量

▶ 英語では　transport CO₂ emission

▶ 算出式

$$CO_2排出量(t\text{-}CO_2) = [輸送重量 \times 輸送距離] \times 改良トンキロ法燃料使用量原単位$$

※改良トンキロ法

※積載量が標準的な場合に上記式が当てはまります。なお、改良トンキロ法のほかにトンキロ法、燃料法、燃費法などの計算方法もあります。

▶ 何がわかるの？

　SDGsや環境問題との関係から物流部門ではCO_2排出量の削減が求められています。同時にCO_2排出量を算出することが環境面からの物流改善の大きな前提となります。**トラック輸送については改良トンキロ法などによってCO_2排出量が算出されます。**

▶ 解　説

　改正省エネ法ではCO_2削減を目標に、一定規模以上の輸送能力を有する輸送事業者に省エネ計画の作成、エネルギー使用量などの定期報告などを義務付けています。したがって、物流事業者はCO_2の削減を軸に環境戦略を推進しなければならないのです。また輸送事業者に対する省エネ対策推進の努力義務を定めています。なお、ここでいう輸送事業者とは、貨物輸送事業者、旅客輸送事業者、航空輸送事業者のことです。トラック輸送、海運、空運などの物流事業者も当然、このなかに含まれることになります。

　貨物輸送については、低燃料車両などの導入、エコドライブの推進、共同輸配送などの実施による積載率向上や帰り荷

の確保、回送運行距離の最小限化、空車走行の減少などがその方策としてあげられています。

また幹線輸送におけるトラック輸送を鉄道や内航海運輸送などに切り替え、トラックだけではなく複数の輸送機関を組み合わせた輸送を推進するモーダルシフト輸送の導入も、物流戦略における有力な環境対策となっています。

トラック輸送のすべてを鉄道輸送や海上輸送に切り替えることは難しくとも、輸送の一部を鉄道、あるいは船舶に切り替えることで、CO_2削減に相当な効果が期待できるのです。

例題	輸送経路が500kmで、年間貨物量が7000トンで積載率が標準的な場合、年間のCO_2排出量はどれくらいになりますか。なお、CO_2排出原単位（g-CO_2/t·km）は、174（g-CO_2/t·km）として計算します。
解答	7000トン×500km×174×10^{-6}＝609トン

▶KPIの見方

一般に輸送経路が500kmの場合、モーダルシフト輸送（トラック輸送に海上輸送などを加えての複合輸送）の導入などで、CO_2排出量をトラック輸送単独の場合の60〜70％に抑えることが望ましいとされています。したがって、上記例題の場合、400トン程度が目安となります。

なお、CO_2排出原単位（g-CO_2/t·km）は、営業車の場合、174（g-CO_2/t·km）として計算しますが、自家用普通トラックの場合は、388（g-CO_2/t·km）で計算します。

環境対策の視点から企業ホームページに目標値や実績値が公開されることもあります。

カイゼンのポイント
グリーン物流における中心となるKPI

コラム

静脈物流におけるDXの導入

KPI管理を効率的に行うために情報システムの導入は不可欠ですが、静脈物流にも本格的なITシステムやDX（デジタルトランスフォーメーション）の導入が検討されています。

静脈物流ではマニフェスト（産業廃棄物管理票）が義務化されていることから、それを情報ネットワークに組み込む必要があります。したがって電子マニフェストを普及させることが静脈物流のDXには不可欠といえましょう。

また収集運搬する物品については飛散、悪臭、有害性などのリスクを考慮すると、動脈物流の輸送以上に厳しい管理を行う必要が出てきます。さらにいえばリードタイムや在庫管理については動脈物流よりもゆるやかになりますが、その代わり、収集運搬の種類の混合の割合などの予想が難しいケースも考えられます。収集運搬のタイミングや輸送量、重量などの予想が容易ではないというケースも考えられます。

そしてこういった静脈物流の制約条件をふまえたうえで、収集コストのKPI管理を考えていくことになるでしょう。

実際、中間処理施設の処理能力、稼働時間、収集運搬のトラック台数などを考慮して、KPI管理をより緻密に行っていく必要があるといえるでしょう。収集運搬の経路や必要車両台数を決定する「静脈物流・収集運搬管理システム」などについての取り組みや、廃棄物運搬車両へのGPSの搭載、処理工程における積込み、荷卸し、処分などの管理システムの研究、開発、さらには本格的な実用化への道筋などが見え始めているのを追い風としたいところです。

▼

第6章

調達・仕入れ

値入率
ねいれりつ

▶ 英語では　mark-up percentage

▶ 算出式

値入率（%）＝（販売価格－仕入原価）÷販売価格×100

▶ 何がわかるの？

　小売店などが仕入れた商品に利益を加えて販売価格を決定することを「値入れ」といいます。

　値入率は、販売価格のなかに利益がどれだけあるかを示す計数で、きわめて重要です。値入率を高く設定すれば、それだけ粗利益も増えることになりますが、薄利多売型商品などで売上を大きく伸ばそうと考える場合、値入率を極力、抑えることもあります。

例題	仕入原価が2000円で販売価格が3000円の場合、値入率はいくらでしょうか。
解答	（3000円－2000円）÷3000円×100＝33.3%

▶ KPIの見方

　一般にスーパーマーケットなどでは値入率は20〜30%といわれています。ただし、大手スーパーマーケットなどでは20%を切ることもあります。

　カイゼンのポイント
　合理的根拠で販売価格を決定

102

掛け率
かけりつ

▶ 英語では

ratio of wholesale price to retail price

▶ 算出式

掛け率（%）＝仕入原価÷
参考小売価格（希望小売価格）×100

▶ 何がわかるの？

売価に対する仕入原価の割合を掛け率といいます。「定価（参考小売価格）の何割で仕入れられるか」という数字です。卸販売する場合の価格の比率です。

| 例題 | 仕入先から参考小売価格1万2000円のワンピースを7500円で仕入れました。掛け率はいくらでしょうか。 |
| 解答 | 7500円÷12000円×100＝62.5％ |

▶ KPIの見方

商品、企業により掛け率は異なりますが、一般にアパレルの掛け率は定価の50〜60％、日用品ならば50％前後で、食品の場合は65〜70％くらいと考えられます。利益増を念頭に緻密な設定を心がけるようにします。

カイゼンのポイント
緻密な戦略で販売価格を決定

累積値入率（るいせきねいれりつ）

▸英語では　accumulated mark-up percentage

▸算出式

累積値入率(%)＝累積値入高÷販売価格レベルでの商品取扱合計高×100

▸何がわかるの？

期首からある特定日までの期間における販売価格レベルによる商品取扱合計額から、仕入れた商品の原価レベルによる商品取扱合計額を引いたものを累積値入高といいます。すなわち累積値入高は過去の粗利益の合計になります。そして累積値入率は、累積値入高を販売価格レベルでの商品取扱合計高で割ることによって求められます。

累積値入率は、売上高から売上原価を推定して算出する場合に使います。さらにいえば累積値入率は粗利益率とイコールなので、売上高、粗利率（＝累積値入率）がわかっていれば、そこから売上原価を算出できるわけです。

▸解　説

値入率を知ることで「いくらで売って、いくらの利益を得ることにしようか」という意思がはっきりと見えてきます。

個々の商品の値入高は小売の初期販売希望価格（仕入売価）から仕入原価を引いた値になります。もちろん仕入売価は値引きされ、バーゲンなどで売られる場合は特売価格に変わります。ただし、値入高は仕入れた時点で決められた価格をもとに計算されます。

なお、累積値入率は粗利益率と数字上は同じになります

が、概念的にはかなり違います。

粗利益率は仕入原価が実際の売上高に占める割合を示したものですが、値入率は仕入原価が当初見込んでいた売買利益高に占める割合を示したものになります。

値入率をしっかりと把握することで綿密な仕入計画を作成することが可能になります。

値入率と粗利益率の比較対照表

	算出式	性質	計数の活用
値入率	値入率(%)＝(販売価格－仕入原価)÷販売価格×100	仕入原価が当初見込んでいた売買利益高に占める割合	当該商品がどれくらいの利益が見込めるかを仕入れの段階で判断するための計数
粗利益率	粗利益率(%)＝粗利益÷売上高×100	仕入原価が実際の売上高に占める割合	当該商品がどれくらいの利益を得ることができたかを判断するための計数

例題　前期の累積値入高は800万円でした。また期初から期末までの商品取扱合計高は3200万円でした。累積値入率はいくらになりますか。

解答　800万円÷3200万円×100＝25%

▶KPIの見方

小売業の場合、業態にもよりますが、25〜50%程度が目安になります。

カイゼンのポイント
戦略的に利幅を定めて販売価格を決定

商品ロス率

▶ 英語では　wastage factor

▶ 算出式

商品ロス率(%)＝ロス高÷売上高(実績)×100

▶ 何がわかるの?

　商品ロス率を出すことにより、売上高に占めるロス高の割合がわかります。**商品ロス率が高いということは、仕入れの際の販売計画通りに商品が売れていないということを意味します。**したがって、商品ロス率が高い場合は販売予測を見直す必要が出てきます。

▶ 解　説

　ロスとは、仕入れの際に予定していた売値と実際の売上高との差額を意味します。ロスの原因はさまざまです。

　商品の売れ行きが悪く、定価では売れず、バーゲンなどを行う必要が生じた場合、仕入れの際の予定売値とは異なる売上高となります。これを値下げロスと呼んでいます。さらに値下げをしても売れない場合、商品を廃棄することがあります。そうして発生したロスを廃棄ロスといいます。

　このほかにロスの理由が不明であるが、何らかの損失が発生しているケースもあります。たとえば、棚卸の際に帳簿と数字が発生しないことで生じる棚卸ロス、あるいは帳簿ロス、レジの入力ミスや万引きなどが生じた場合、理由が不明のロスが発生します。

　ただし、ロスは自然に発生するものではありません。「ロスが発生するのは当たり前」という考え方は絶対にすべきで

はありません。ロス率が高ければその理由を究明し、改善策を打ち出し、ロス率を下げる努力が必要です。

棚卸ロス率が高い場合には、棚卸精度が低いか、在庫精度に問題があることが考えられます。きちんと商品管理を行っていれば、棚卸ロス率は低下するはずです。半期に一度の一斉棚卸だけではなく、重点商品については循環棚卸を導入するなどの工夫が必要です。値下げロスについても、「必要な商品を必要なだけ、ムダ、ムラ、ムリなく仕入れているのか」ということを精査してみる必要があります。また、最初の売価の設定にムリがある場合も、プライスダウンを余儀なくされます。

商品管理に関する研修、万引きへの警戒などの講習会などを定期的に開催するようにする必要もあります。万引き、盗難については、「商品が盗まれやすい店舗レイアウトになっていないか」「従業員にスキはないのか」「防犯監視システムを活用しているか」が重要なポイントとなります。

例題	売上高が800万円あります。値下げロスが20万円、廃棄ロスが30万円の場合のロス率を求めましょう。
解答	（20万円＋30万円）÷800万円×100＝6.25%

▶ 解 説

日本の小売業の商品ロス率は1.0%程度で、世界でも最高水準にあるといわれています。ただし日本では万引き、盗難が深刻な問題になっています。世界平均は1.34%です。ロス率が数%もあることは避けなければなりません。

カイゼンのポイント
商品ロス回避に対する意識を徹底

調達リードタイム、供給リードタイム

▶ 英語では   procurement leadtime,
            supply leadtime

▶ 算出式

調達／供給リードタイム（日）＝
　　　商品などの発注から納品までの日数や時間の合計

※調達リードタイムには輸送、受入、検収などの時間も含まれます。

▶ 何がわかるの？

　必要な物品、商品がどれくらいの時間で届くかを知るための計数です。サプライヤーから工場までは調達リードタイム、流通業から店舗までは供給リードタイムと呼ばれます。調達／供給リードタイムを短くすることで在庫削減や機会損失の回避などが実現できると考えられます。

▶ 解　説

　調達リードタイムは部品メーカーの工場、組立工場などにどれくらいの日数、あるいは期間で部品、資材などが調達されるかを示す計数です。原則的には調達リードタイムは短いほうがよくなります。

　流通業では供給リードタイムと呼ばれることが多く、卸売業や小売業はメーカーに発注してから商品が店頭に並べられるまでの供給リードタイムの短縮を目指しています。

　供給リードタイムには卸売業からの受注量を予測し、実際

の注文を処理する時間や物流センターなどでの品質チェック、小売業などへの輸配送の時間なども含まれます。

なお、顧客が商品を注文してから受け取るまでの「顧客許容リードタイム」を可能な限り短くする必要もあります。顧客許容リードタイムが長ければ消費者は商品から離れていくことになるわけです。そこで物流センターの24時間稼動を推進したり、センター内での仕分け作業などを効率化したりすることでリードタイムの短縮を図るようにします。

調達/供給リードタイムなどの短縮のためには、各工程における作業効率の向上と、それを実現するためにさまざまな制約条件をクリアしていく必要があります。迅速な輸送体制、タイトな工程管理、機械化・IT化の推進などを物流品質の向上、コスト削減などに留意しながら進めていきます。さまざまな工程を経る、納品までのリードタイムをしっかり管理する体制を構築する必要があるのです。

同時に顧客に「商品を注文してから長く待たされている」と思われないようにする工夫も必要です。

 例題

　自動車部品メーカーが資材Aを発注し、翌日から輸送に2日間、受入れと検収作業に丸1日かけて資材を調達した。調達リードタイムはどれくらいですか。

 解答

　1日（発注）＋2日＋1日＝4日

▶KPIの見方

　部品工場などの調達では特殊なものでは1カ月以上かかるものもありますが、標準的な部品では1週間を超えるリードタイムの場合は改善の余地があると考えられるでしょう。

カイゼンのポイント
短リードタイムの実現で納期順守

発注キャンセル率
はっちゅう　　　　　　　　　　　　　　　　　りつ

▶英語では　order cancel ratio

▶算出式

発注キャンセル率(%)＝発注取消件数÷総発注件数×100

▶何がわかるの?

　仕入先の在庫精度が低ければ、発注キャンセルが多くなります。注文取り寄せが可能な商品としてリストアップしてあっても、仕入先が在庫切れの状態では一般消費者の信用を失ってしまいます。

　そこで商品情報や在庫情報を常に更新することで、発注キャンセル率を下げることが可能になります。顧客に提供するべき商品がそろっているかどうかを定期的に確認するのです。

例題	4月の総発注件数は1200件でしたが、そのうち発注取消が25件ありました。発注キャンセル率はどのくらいになるでしょうか。
解答	25件÷1200件×100＝2.08%

▶KPIの見方

　状況によって目標値は異なります。ただし一般的にいえば、1%未満が望ましいでしょう。

カイゼンのポイント
商品在庫管理を徹底しキャンセルを削減

発注コスト
はっちゅう

▶ 英語では order cost

▶ 算出式

発注コスト(円) = 伝票処理・発行などのコスト +
　　　　　　　　 検品作業コスト

▶ 何がわかるの?

　発注コストとは、発注に伴う一連の費用のことです。

　発注にあたっては見積依頼書、見積書、注文書、納品書、請求書などの文書作成を行う必要が出てきます。**一般的に発注量が少なければ、発注コストは割高になります。**

例題	発注関連の伝票処理、発行などに年間200万円、検品業務に年間150万円かかっています。発注コストはいくらでしょうか。
解答	200万円 + 150万円 = 350万円

▶ KPIの見方

　ケースバイケースですが、省力化などにより現状から5〜10%程度のコスト削減の可能性を考えましょう。発注量の適正化、平準化をキーワードに社内での検討を行うようにします。

カイゼンのポイント
発注量の最適化を図り、コストを適正化

納期順守率
のうきじゅんしゅりつ

▶ 英語では　on-time delivery ratio

▶ 算出式

納期順守率(%)＝納期順守件数÷総発注件数×100

▶ 何がわかるの？

　文字通り、納期をきちんと順守しているかどうかを示す計数です。なお、納期順守を行うにあたっては、納期回答についての正確性も求められます。

　担当者が納期について「回答できない」、あるいは「回答したものの後日、回答納期を撤回し、新たな納期を提示してきた」といったケースも少なくありません。生産、調達に関する自社の状況を正確に把握する必要があります。

例題	過去24回の納期のうち23回は納期を順守しました。納期順守率はいくらになるでしょうか。
解答	23÷24×100＝95.8%

▶ KPIの見方

　90％以上、できれば95％以上が望ましいでしょう。
　生産体制、在庫管理体制を見直すことで向上を図ります。

カイゼンのポイント
生産計画と出荷計画のリンクを徹底

差益率
さえきりつ

▶英語では margin rate

▶算出式

差益率（%）＝差益高÷売上高×100

※差益高＝価値の変動前の仕入値－価値の変動後の仕入値

▶何がわかるの？

差益とは、価値の変動で発生する利益のことです。

差益という言葉はたとえば、「円安差益」のように使われます。円高から円安に急激に変化した場合、円ベースの仕入原価が変化することになり、それが企業利益を大きく左右することになります。

例題	海外ブランドバッグを100万円分仕入れたが、円安で円ベースの仕入値が12万円高くなりました。差益率を求めてください。
解答	12万円÷100万円×100＝12%（マイナス）

▶KPIの見方

業界、業種、業態でかなりの差がありますが、10〜20%が1つの目安と考えられます。円高、円安のトレンドを把握することが重要です。

> **カイゼンのポイント**
> 円高、円安などの為替相場の変化に敏感に対応

完全注文達成率

かんぜんちゅうもんたっせいりつ

▶英語では　　perfect order percentage

▶算出式

完全注文達成率（%）＝完全注文件数÷注文総数×100

▶何がわかるの？

　「完全注文」とは、顧客サイドから見た受注、納品、請求までの一連のプロセスが何のミスもなく処理されることです。その達成率を完全オーダー率（完全注文達成率）といいます。

　一連の流れのなかで、受注ミス、欠品、納品伝票ミス、誤出荷、請求書ミス、請求遅延などが発生すれば、「顧客が満足するかたちで注文が達成されたとはいえない」と考えるわけです。

▶解　説

　完全注文のプロセスを確認すると、まず受注についてミス、あるいはエラーが発生しないようにします。受注ミスが発生すれば、それが原因で出荷すべき商品が未出荷となり、顧客の手元にはいつになっても発注品は届きません。

　受注をきちんとこなしたならば、欠品の有無が確認されなければなりません。ここで受注した商品に欠品が発生していては、完全注文は達成されないということになります。高頻度出荷品を中心に欠品の有無をしっかり常日頃から確認し、欠品率をゼロに抑えておく必要があります。

　欠品となっていなければ、納品伝票を発行することになりますが、ミスが発生しないように注意します。納品伝票が誤って発行されれば、正確な配送が不可能になります。

実際の配送業務において、誤配送が発生することは絶対に避けなければなりません。繰り返しになりますが、誤配送が発生すればそれまでのすべての努力が泡となります。

配送は正確に行われるだけでなく、納期を順守して行われなければなりません。すなわち納期遅延率を可能な限りゼロに近づける必要があるのです。

さらに、交通事故なども発生せず、正確な配送が納期順守のもとに行われたとしても、トラック運送事業者などのミスで商品に破損や汚損があれば、それまでの苦労は台なしです。梱包空間率を最適化したうえで、汚れや損傷がないように届ける努力をします。そして最後に請求書がきちんとミスなく、最終顧客にまで届いているかを確認します。請求書が送られ、顧客が代金を入金することで完全注文が達成されると考えられるわけです。なお、静脈物流についても、回収作業、リサイクル／リユースなどへの中間処理、廃棄埋立処分などの最終処理、再生品の市場への再投入といった一連の過程について、完全注文達成率を設定することが可能です。

例題　注文総件数が1220件で、完全注文件数を調べたところ、990件ありました。完全注文達成率はどれくらいになりますか。

解答　990件÷1220件×100＝81.1%

▸KPIの見方

業種、業態にもよりますが、少なくとも95％以上を達成することが望まれます。

カイゼンのポイント
顧客満足の実現具合を可視化

棚卸資産としての在庫への対応

　在庫は会計用語では「棚卸資産」です。そして売れ残った在庫が多ければ、皮肉なことに「好業績」と見なされます。もっとも、これは実際のキャッシュフローを反映したものではないので注意が必要です。繰り返しになりますが在庫キャッシュフローの概念をベースに考えれば「在庫は少ないほどキャッシュフローは増大する」ということにもなります。

　なお、在庫は伝統的に資産として見なされてきただけに、その点についても税務調査との関係からの注意も必要です。たとえば小売店が200万円分の商品を仕入れて、100万円の商品を120万円で売ったケースを考えてみましょう。この場合、資金はまだ6割しか回収していません。しかし「利益が20万円ある」と見なされ、利益分の20万円に課税されます。実際は売上が120万円しかないのですから本当はまだ80万円分はマイナスです。つまり仕入れた商品の在庫がいくらあっても売上原価に組み込めないのです。商品が店頭などに在庫として残っていれば損金にはならないのです。

　また、売れ残った商品を放置しておけば「棚卸資産の増加で間接的な税負担も増える」ということにもなるのです。在庫量次第で利益が大きく変動することもあります。中小企業の場合なども棚卸は毎月するのが賢明といえます。在庫管理をしっかり行うことが経理面にも好影響を与えることになるのです。

棚卸をしよう！

 （効果）

税負担の軽減　　　保管スペースの低減

▼

第7章

販　売

買上率
かいあげりつ

▶ 英語では　purchase rate

▶ 算出式

買上率（％）＝購入客数（人）÷来店客数（人）×100

▶ 何がわかるの？

　買上率とは、店舗への来店客数のうちどれくらいの人が商品を購入したかを示す率です。

　買上率を向上させるにはさまざまな方法が考えられます。たとえば、店舗内の品ぞろえを買物客にとってそれまで以上に興味深くするように仕入れを工夫したり、店舗レイアウトを変更したり、POPなどを増やしたりするのです。また販売員による顧客への接客を増やすことでも買上率を上げることができます。

例題	来客数が240人の店舗で38人が商品を購入していることがわかりました。買上率はいくらですか。
解答	38人÷240人×100＝15.83％

▶ KPIの見方

　業種・業態などによりかなりの差がありますが、アパレル店舗では10～30％程度が平均的と考えられます。

カイゼンのポイント
購入客数の増加を促進

きゃくたんか
客単価

▶英語では　　customer unit price

▶算出式

客単価(円) ＝ 売上高(円) ÷ 購入客数(人)

▶何がわかるの？

　客単価とは、店舗で購入客1人当たり、どれくらいの売上高があったかを示す計数です。1人当たりの商品購入額が多くなれば、店側としてはそれだけ売上高も伸びることになります。ただし、高額商品を単純に増やすだけでは客単価は伸びません。商品の価格が高額ならば購入客数はそれに反比例して減少する恐れがあるからです。

例題	店舗で1日当たり200万円の売上高があり、その日の購入客数は400人でした。客単価はいくらになるでしょうか。
解答	200万円÷400人＝5000円

▶KPIの見方

　業種・業態によりさまざまです。たとえば、平均的な居酒屋などの場合、3000〜5000円、平均的なアパレル店舗の場合、3000〜1万5000円程度と考えられます。

カイゼンのポイント
購入客1人当たりの売上高に注目

売上高対人件費比率
<small>うりあげだかたいじんけんひひりつ</small>

(人件費率)
<small>じんけんひりつ</small>

▶英語では　personal expenses percentage

▶算出式

売上高人件費比率(%)＝人件費(円)÷売上高(円)×100

※人件費＝従業員（役員を含む）給与＋福利厚生費

▶何がわかるの？

売上高対人件費比率とは、売上高に対して、どれくらいの人件費がかかっているかを見るための計数です。

例題	年間の人件費が60000千円（6000万円）、売上高が400000千円（4億円）の企業の場合、売上高対人件費比率はいくらになりますか。
解答	60000(千円)÷400000(千円)×100＝15%

▶KPIの見方

一般に多くの販売員を抱えるなど、労働集約型の店舗を経営しているほうが、比率が高くなります。小売業の場合、10～35％の範囲となることが多いです。

カイゼンのポイント
人件費の適正化を念頭に販売を促進

プロパー消化率

しょうかりつ

▶英語では　　proper price sale rate

▶算出式

プロパー消化率(%)＝プロパー販売(初期設定の小売価格で
　　　　　　　　　　　販売した商品数)÷仕入数量×100

▶何がわかるの？

　プロパー消化率とはおもにアパレル業界で用いられる計数です。**初期設定の小売価格（アパレルでは上代ともいう。プロパー価格）**ではなかなか完売できず、バーゲン、セールに頼る場合、バーゲン、セール以外、つまりプロパー価格でどれだけ売れたかを見るのです。

例題	上代（販売価格）3万5000円のジャケットAを50枚と、上代4万円のジャケットBを20枚仕入れました。このうちジャケットAは36枚、Bは11枚をプロパー価格で販売しました。プロパー消化率はいくらでしょうか。
解答	(36＋11＝47枚)÷(50＋20＝70枚)＝67.14％

▶KPIの見方

　取扱商品などにより異なりますが、一般的なアパレル小売ではプロパー消化率は60％以上が目標とされています。

カイゼンのポイント
初期設定の小売価格を重視

粗利益率 (売上総利益率)
あらりえきりつ (うりあげそうりえきりつ)

▶英語では gross margin

▶算出式

粗利益率(%) ＝粗利益÷売上高×100

＊粗利益＝売上高－売上原価

▶何がわかるの？

売上高に対する粗利益の比率です。粗利益率を把握することで売上高がどれくらい伸びれば粗利益がどれくらいになるかを把握できます。

損益計算書（P／L）には、売上高、売上原価、粗利（売上総利益）の順番に記載されています。販売管理費、人件費などは粗利から引かれることになるので、可能な限り粗利を大きくすることで利益を確保するようにします。

例題	500円で仕入れた商品を700円で売った場合の粗利益率はいくらでしょうか。
解答	（700円－500円）÷700円×100＝28.57%

▶KPIの見方

小売業の場合、粗利益率は25～50％程度といわれ、大手スーパーマーケットなどの粗利益率はさらに低くなります。

カイゼンのポイント
利益の確保を念頭に経営を可視化

売上時間効率
うりあげじかんこうりつ

(単位時間当たりの売上高)
たんいじかんあ　うりあげだか

▸ 英語では　　sales time efficiency

▸ 算出式

売上時間効率(円) ＝ (売上高÷営業日数)÷営業時間

▸ 何がわかるの？

　売上時間効率とは、単位時間当たりに商品が売れた金額を示す計数です。客数の把握、人的効率に加え、時間効率を把握しておく必要があるのです。

　売上時間効率を時間帯ごとに求め、パート、アルバイトなどの適正配置を行えるようにします。

例題	ある小売店が6月に休みなく、午前10時から午後8時まで営業したところ、その月の売上高は1200万円でした。売上時間効率はいくらになりますか。
解答	(1200万円÷30日)÷10時間＝4万円／時間

▸ KPIの見方

業種業態、企業規模などにより大きな差があります。

カイゼンのポイント
効率的な販売を実践する目標を設定

セット販売率
(セット率、あるいは関連率)

▶ 英語では　　set sales rate

▶ 算出式

セット販売率＝(買上総点数)÷(買上回数、あるいは
　　　　　　　　　　　　買上客数、またはレシート数)

▶ 何がわかるの?

　セット販売率とは、1回の商品買上でどれくらいの数の商品を購入するかを表す計数です。アパレル小売業界などを中心に使われています。セット販売率を上げることは客単価を上げることにつながります。効率的な販売活動を行うにあたってセット販売率の向上は欠かせません。

▶ 解　説

　セット販売率を高めるためには、戦略的な商品構成を推進する必要があります。

　たとえば、ジャケットを販売している場合、そのジャケットに合わせたネクタイ、ワイシャツ、パンツ、さらにはネクタイピン、カフスボタン、バッグ、シューズなどをそろえることによって、買物客に同時購入のメリットと魅力をアピールするのです。

　もちろん、単純に商品ラインナップを充実させるだけでなく、販売員が関連商品を購入するメリットを機に応じて提案する必要もあります。セットで購入する場合、価格面で割引

を行うことも買物客に複数点の商品を購入させるうえで効果的です。

また、**買物客は購入するのが面倒な商品を1点購入するとセット購入する傾向があります。**

たとえば、高額なジャケットは気に入ったものがなければなかなか購入しません。しかし、いったん気に入ったジャケットが見つかれば、それにあわせてネクタイ、ワイシャツもほしくなるというわけです。

さらにいえば、メンズ（紳士服）でもレディース（婦人服）でも、ボトムス類は試着がスムーズにできるように、複数のサイズの商品をそろえておく必要があります。気に入ったデザインのボトムスをせっかく試着してもサイズが合わなければ、その商品の購入をあきらめてしまいます。もちろんそうなればセット販売の可能性は消えます。しかし、ボトムスのサイズが充実していれば、サイズがあわなくてもすぐに別のサイズの商品を試着できます。そしてボトムスを購入することになれば、シャツ、ブラウスなどもあわせて購入する可能性が高まるのです。

例題	22人の買物客が合計38点の商品を購入していきました。セット販売率はいくらですか。
解答	38点÷22人＝1.73

▶KPIの見方

業種業態により異なりますが、まずはセット販売率2.0を目指すのがよいでしょう。もちろんベテラン販売員になるとそれ以上の数値が求められるのはいうまでもありません。

> **カイゼンのポイント**
> 客単価の向上を念頭に関連商品を推奨

コンバージョン率<ruby>率<rt>りつ</rt></ruby>

▶ 英語では conversion rate

▶ 算出式

コンバージョン率(%) = (資料請求数または商品購入数) ÷
(ホームページ訪問者数) × 100

▶ 何がわかるの？

　コンバージョン率とは、ホームページ訪問者のうち、どれくらいの割合の人が資料を請求したり、商品を購入したりするかを表す計数です。

　ホームページ訪問者がいくら多くても、資料請求が少なかったり、商品購入に結びついていなかったりすれば、ホームページの持つ意味合いは小さくなります。コンバージョン率を知ることで、いかにホームページが効果的に制作・運用されているのかを知ることができるのです。

▶ 解　説

　リスティング広告をクリックすると、その商品の企業サイトや個人のアフィリエイトサイトに飛ぶようになっています。**検索で上位に来なくても、リスティング広告を活用すればネット消費者を集められるわけです。**

　リスティング広告で面白いのは、その広告をクリックした人がどのくらいの割合で実際に商品を購入しているかということまで、統計的に分析できてしまうということです。そしてそれがコンバージョン率になるわけですが、この計数をもとに検索キーワードにかかるリスティング広告料金も決まってきます。

たとえばコンバージョン率が高ければリスティング広告料金も高くなります。もちろん、それだけ確実に商品は売れるという判断からです。検索のキーワードとリスティング広告の効果を考えながら、「購入した検索キーワード」に見合った広告料金を払っていくのです。

　なお、リスティング広告は1クリック単位で課金されるシステムがとられています。月極め広告とは異なります。検索キーワードが入力されて、画面に広告が表れてもそれだけでは広告料金は発生しません。クリックされて初めて料金が発生するのです。たとえば**資料請求を増やすことを目的とするリスティング広告の場合、ホームページ訪問者のうち何人が実際に資料を請求したかの割合を示す計数がコンバージョン率になります。**

　リスティング広告からの誘導により、あるホームページを訪問した2000人のうち、100人が資料を請求しました。コンバージョン率はどれくらいですか。

　100人÷2000人×100＝5％

▶KPIの見方

　いわゆるリスティング広告では「まずは合格点」と考えられるコンバージョン率は8～10％程度といわれています。

　一般的に20％を超えるようだと、驚異的なレベルの数字と認識できますし、1％にも達しない場合にはなんらかの対策を講じなければならないといえます。

　ただし、コンバージョン率は季節、流行などの影響を受けやすく、頻繁に変わる可能性があります。

カイゼンのポイント
購入実績から今後の販売高を予測

直帰率
ちょっきりつ

▶ 英語では   bounce rate

▶ 算出式

直帰率（%）＝（最初に入口となるページだけを見てすぐ
　　　　　　　　に離脱した数）÷（最初に入口となるペー
　　　　　　　　ジを訪問してECサイトを見た総数）×100

▶ 何がわかるの？

　直帰率とは、訪問したネット通販（EC）サイトからすぐ
に離れてしまったユーザーの割合を示す計数です。

　たとえばA社のホームページを見る場合、最初に開かれ
たページだけを見て、そのA社のほかのページを見ずに、
ブラウザを閉じたり、ほかのサイトに移動してしまったりす
るユーザーの割合を知ることができます。

　直帰率を知ることによって、そのネット通販（EC）サイ
トにどれくらい魅力があり、どれくらい商品が売れるポテン
シャルがあるかがわかります。

▶ 解　説

　ECサイトなどへの訪問者がどんなに多くても、直帰率が
高ければ、商品の購入にいたる可能性が低くなります。

　一般にECサイト訪問数（セッション数）が増えれば、そ
れに比例して商品を購入する確率は高くなります。しかし
ECサイトの訪問者が、トップページなどをクリックして現
れる最初のページを見るだけで、別のECサイトに移動しま
うようならば、いくらECサイト訪問数が多くても、商品の
購入には結びつきません。ECサイトではユーザーがどれく

らいそのECサイトに留まっているかというECサイト滞在時間、ページ滞在時間が重要になります。サイト滞在時間が長くなれば、それだけ商品購入の可能性が高くなるのです。ユーザーは、ECサイトを見て、どのページにどのような商品があるか、どのページの商品を購入しようか、などを検討しているため長くECサイトに滞在しているのです。さらにいえば魅力のないページしかなければ、もうそれ以上のページを見ることはありません。最初にリンク先から飛んだページの魅力にかかっているともいえます。

ユーザーがECサイトの魅力を一瞬で判断することも少なくありません。直帰率が高いことは、ユーザーが直観的にそのECサイトを「魅力がない」と判断することを意味します。すなわち、直帰率を下げることがECサイトの魅力を向上させ、同時に売上アップにもつながるわけです。

例題	ある通販のホームページで、リンク先から飛んだ同社のトップページを見ただけで、興味を失うなどの理由で他のECサイトに移動したユーザー数が、2000人の訪問者のうちの1200人であったとすれば、直帰率はどれくらいになりますか。
解答	1200人÷2000人×100＝60%

▸KPIの見方

一般に新規訪問者の直帰率が50%を大きく超える場合はその原因を調べる必要があるといえましょう。なお、リピーターユーザーは新規ユーザーよりも直帰率が高くなる傾向があります。

カイゼンのポイント
ECサイト滞在時間の改善を検討

クリック率

▸英語では click rate

▸算出式

クリック率（%）＝クリック回数÷表示回数×100

▸何がわかるの？

　クリック率とは検索エンジンなどの検索結果ページに掲載される広告（リスティング広告）などを訪問ユーザーがどれくらいクリックするかを表す計数です。リスティング広告をクリックすることで、誘導したいECサイトなどに飛ぶことになります。つまり**誘導したいECサイトにどれくらいの確率で誘導できるかを知ることができます**。

例題	検索エンジンのリスティング広告が600回表示されたのに対して、実際にクリックされた回数は80回でした。クリック率はいくらになりますか。
解答	80回÷600回×100＝13.3%

▸KPIの見方

　いわゆるリスティング広告では平均的なクリック率は5〜7%程度といわれています。

　カイゼンのポイント
リスティング広告とのリンクを重視

り だ つ り つ
離脱率

▶英語では abandonment rate

▶算出式

離脱率 (%) = (該当ページで閲覧終了したページビュー数)
　　　　　　÷ (該当ページの全ページビュー数) ×100

※ページビュー：ECサイト内の特定のページが開かれた回数

▶何がわかるの？

離脱率とはECサイト訪問者がどのページを最後にそのサイトから離れていったかを知るための計数です。各ページの離脱率を知ることでどのページに問題があるか、改善の余地があるのかが明らかになります。

例題	あるECサイトのページについて全ページビュー数が4000あるなかで、そのページで閲覧終了したページビュー数が3400ある場合の離脱率はいくらですか。
解答	3400ページ÷4000ページ×100＝85%

▶KPIの見方

購入手続き終了ページの離脱率が高いことが望ましいといえます。80%を超えるようならば上出来でしょう。購入手続きに疑問が生じないようなサイト構成を検討します。

カイゼンのポイント
ECサイトの集客に関する課題を抽出

人気商品に対する対応

　品ぞろえを充実させ、明確にすることによって何が売られているかがはっきりとわかり、集客力がつきます。ただし品ぞろえの充実と平行するかたちで在庫管理、戦略も綿密に立てなければなりません。人気商品の発注を増やしたり、不人気商品の仕入れをやめたり、返品したりしなければならないのです。

　小売店の売場の商品陳列やネットショップのラインナップ、品種・品目構成などで在庫状況は変化します。商品を管理するうえで売場構成、陳列方式などを戦略的に練ることも重要です。

　よく売れる商品とあまり売れない商品を並べて陳列、展示すると、人気のある商品はどんどん売れて、人気のない商品ばかりが残ることになります。

　「どういうわけか売れ筋の商品は欠品だらけだが、売れない商品に限って過剰在庫が生じてしまう。対応のしようがない」という状態が発生するのはこのためです。人気商品が売れた場合には適時、補充を行い、不人気商品はそれにあわせて減らしていくようにしなければならないのです。

　さらに追加補充を頻繁に行っても売れ筋商品が急に変わったり、流行が終わってしまったりするリスクも小さくありません。そこで必要な量だけを追加補充し、「売り切れごめんもやむをえない」という姿勢をとる店舗が増えています。

　また店内陳列を工夫したり、ホームページの商品ラインナップがレイアウトを工夫したりすることも必要でしょう。買物客の自然に歩く動線に主力商品を置いたり、ホームページ上部の見やすい位置に魅力のある商品を表示したりして、買物客にアピールします。そうすれば売れ筋商品はさらに売れるようになります。さらにいえばシーズンや流行をいささか外れたために過剰となった商品については時期を見てバーゲンの目玉として処分することも考えておきましょう。

▼

第8章

生産性・
人的資源管理

人時単価

<ruby>人<rt>に</rt></ruby><ruby>時<rt>ん</rt></ruby><ruby>単<rt>じ</rt></ruby><ruby>価<rt>たんか</rt></ruby>

▶ 英語では man-hour unit price

▶ 算出式

人時単価(円)＝総人件費÷総人時

▶ 何がわかるの？

人時単価とは、従業員1人当たり、どれくらいの人件費がかかっているのかを知るための計数です。**人時とは「人が単位時間でこなせる作業分量」を指します。**

人件費は正社員とパート、アルバイトで異なるため、まず正社員、パート、アルバイト、それぞれの人件費を足し、総人件費を求めます。そしてそれを「どれくらい作業に時間がかかったか」を表す総人時で割るのです。

例題	従業員の人件費の合計が7万8000円、総人時が65人時の場合、人時単価（時間当たり）はいくらになりますか。
解答	78000円÷65人時＝1200円

▶ KPIの見方

賃金は最低賃金制度によりミニマムが定められています。合理的な根拠のもとに、高くなく安すぎない賃金を適正な作業人数でこなしていくことが望まれます。

カイゼンのポイント
標準作業時間のコスト計算に活用

134

パート比率 <ruby>ひ<rt>ひ</rt></ruby>

ひりつ

▶ 英語では　ratio of part timers

▶ 算出式

パート比率（%）＝パート数÷全従業員数×100

▶ 何がわかるの？

　作業現場でのパート、アルバイトの従業員の割合はどれくらいかを示す計数がパート比率です。**作業の現場のパート、アルバイトが多ければ、人件費が賃金で支払われるので、人員配置やシフトなどを効率的に組むことがきわめて重要になります。**正社員比率が低く、派遣社員、契約社員などが多い企業も少なくありません。

例題	ある物流センターでは、従業員25人中、パート、アルバイトの人員が18人います。パート比率はどれくらいになりますか。
解答	18人÷25人×100＝72%

▶ KPIの見方

　厚生労働省の近年の調査では「非正規雇用労働者」の割合は36.7%で、そのうちパートは49.3%となっています。しかし、生産、物流、販売などの現場でのパート比率は事務職に比べて高くなっています。

> **カイゼンのポイント**
> 作業効率の向上とパート比率の向上の両立を目指す

指示変更率
しじへんこうりつ

▶英語では　change instruction rate

▶算出式

指示変更率（%）＝指示変更数÷総人時×100

▶何がわかるの？

　作業現場などで責任者からの指示が、頻繁に変更になるような状況は好ましくありません。**指示変更率は、現場においてどのくらい作業指示などが変更されているかを示す計数です。**

　また、指示変更が行われることで作業効率も低下します。指示変更率をゼロに近づけるにはしっかりとした作業指示書、標準手順書などの作業マニュアルを作成し、それに基づいて作業を進めることが必要です。

例題	作業時間の500人時において、作業変更指示を7回出しました。作業変更率はいくらですか。
解答	7÷500人時×100＝1.4%

▶KPIの見方

　作業や熟練度により作業変更率は大きく変わりますが、一般に3〜5％を超えるようならば早急に作業手順書の作成、見直しを行う必要があるでしょう。

　カイゼンのポイント
　標準化された手順の順守の目安

かいぜんていあんさいようりつ
改善提案採用率

▶ 英語では

practical use rate of improvement suggestions

▶ 算出式

改善提案採用率（％）＝改善提案採用数÷改善提案総数×100

▶ 何がわかるの？

　販売、物流、生産の現場などで作業者などに改善提案書を書いてもらうということがあります。企業によっては、一定期間内に全員が改善提案書を提出することを義務づけているケースもあります。**改善提案がどれくらい採用されるかを示す計数が改善提案採用率です。**

例題

　生産現場の改善について提案を求めたところ、70件の提案がありました。そのうち、4件について採用することにしました。改善提案採用率はどのくらいになりますか。

解答

　4件÷70件×100＝5.71％

▶ KPIの見方

　企業の方針、改善提案のレベルや内容などにもよりますが、改善提案の制度がある以上、ちょっとした改善、改善の一部採用なども含めて5〜10％以上の採用率が望ましいです。

カイゼンのポイント
改善提案の充実を実現

1人当たり作業面積

ひ と り あ

▶英語では   workspace per person

▶算出式

1人当たり作業面積(㎡) = 総床面積 ÷ 作業者数

▶何がわかるの？

　1人当たり作業面積は作業者数を総床面積で割って求められます。**作業者1人ひとりがどれくらいの面積を占有して作業をしているかがわかります。**

　反対に広すぎる場合も、作業スペースのすみずみまで目が届かず、ミスが多くなるかもしれません。また、スペースの増大にあわせて作業負担が増える恐れもあります。適切な作業面積をあてがう必要があるのです。

例題	総作業面積が50㎡で作業者が14人います。1人当たりの作業面積はいくらですか。
解答	50㎡ ÷ 14人 = 3.57㎡

▶KPIの見方

　単独で行う、ある程度の複雑さを伴う作業の場合、什器、機器、工具などのスペースも含めて、一般的に1人当たり2～15㎡と考えられます。

カイゼンのポイント
最適な作業スペースを検討

138

作業効率性
さぎょうこうりつせい

▶ 英語では　work efficiency

▶ 算出式

作業効率性（ポイント）＝作業量÷人員数

▶ 何がわかるの？

さまざまな作業がどれくらいの効率で行われているかを示す指標です。**作業効率性を知ることによって、効率的に作業が行われているかどうかがわかります。**

例題	ある工場では、出荷に関する伝票処理に月当たり132時間かかっています。これを3人で行う場合と2人で行う場合の作業効率性を比較してください。
解答	3人の場合：132時間÷3人＝44時間 2人の場合：132時間÷2人＝66時間 したがって、3人で行う場合、2人で行う場合よりも、22時間（あるいは22ポイント）、作業効率性が向上することがわかります。

▶ KPIの見方

作業により多岐にわたります。一般に予測値と実測値の比較、改善前と後の比較などで計数の理想値の目安が求められます。

カイゼンのポイント
適切な人員で効率的な作業を実践

人時製造数
にんじせいぞうすう

▶ 英語では　man-hour manufacture lot

▶ 算出式

人時製造数(個) ＝総製造数量÷総人時

▶ 何がわかるの？

　人時製造数とは、1人時当たりにどれくらいの製品の製造が行われているかを示す計数です。**製造量が少なく総人時が多くなれば、人時製造数は少なくなり、生産性は低くなります。**

　製造工程において、いかに総人時を少なくするかを入念に検討することがきわめて大切になります。

例題	手作業で部品を組み立て、2万個の完成品を製造するのに96人時かかりました。人時製造数はいくらですか。
解答	20000個÷96人時＝208.3個

▶ KPIの見方

　製造する製品によって人時製造数は大きく異なるので、目安も異なります。ただし、実績値、予測値、理論値などを算出して、作業改善などを行いつつ、目標の数値を設定するとよいでしょう。

カイゼンのポイント
生産性の向上の見える化に活用

▼

第9章

経営分析

労働分配率

ろうどうぶんぱいりつ

▶ 英語では　labor profit distribution percentage

▶ 算出式

労働分配率(%)＝人件費÷付加価値×100

※流通においては付加価値とは粗利益高を意味する場合が多い

▶ 何がわかるの？

労働分配率とは、付加価値のうち人件費の占める割合のことを指します。**企業が新たに生み出した価値(粗利益高)のうち、どれくらい人件費として労働者に分配されているかを示す計数です。**

例題	人件費が年間6000万円かかる会社の粗利益高は1億5000万円でした。労働分配率はいくらになりますか。
解答	6000万円÷1億5000万円×100＝40%

▶ KPIの見方

労働分配率が30%以下ならば、企業の経営状態はきわめて良好といえるでしょう。一般に40%以下ならば合格点といえます。40%を上回るようならば、コストカットを図るためのなんらかの方策を講じる必要があるといえます。50%を超えるようならば、早急の改善が必要です。

カイゼンのポイント
従業員の満足度向上を推進

142

営業利益率
えいぎょうりえきりつ

▶ 英語では　sales profit rate

▶ 算出式

営業利益率(%)＝営業利益÷売上高×100

▶ 何がわかるの？

　営業利益率とは売上高に対して営業利益がどれくらいの割合かを示す計数です。なお、粗利益から販売費と一般管理費を引いたあとの利益を営業利益といいます。

　営業利益率を見ることで、企業が自らの事業活動で実際にどれくらいの儲けを出しているかが明らかになります。

例題	売上高が5000万円、粗利益高が800万円、販売費が250万円、一般管理費が330万円という企業の営業利益率はどれくらいになりますか。
解答	{800万円−(250万円＋330万円)}÷5000万円×100 ＝4.4%

▶ KPIの見方

　流通業では1〜3%程度で、5%を超えればかなり優良といえます。ただし、飲食業などでは10%を大きく超える企業もあり、業種、業態、ビジネスモデルなどによりかなりの差が出ることもあります。

カイゼンのポイント
事業活動の状況判断に活用

損益分岐点比率
そんえきぶんきてんひりつ

▶英語では

break-even sales ratio

▶算出式

損益分岐点比率 ＝ 損益分岐点売上高 ÷ 売上高

※損益分岐点売上高 ＝ 固定費 ÷｜1 −（変動費÷売上高）｜
　変動費率＝変動費÷売上高

▶何がわかるの？

　損益分岐点比率とは、実際の売上高に対する損益分岐点売
上高の割合を指します。**損益分岐点比率を知ることで、企業
の収益能力がどれくらいあるかがわかります。** 損益分岐点を
用いて行う経営分析である、損益分岐点経営分析法の骨格と
もなる計数です。

▶解　説

　**損益分岐点売上高（損益分岐点）とは、利益が出るか、あ
るいはそうではなくて欠損が出るかという境目の売上高のこ
とをいいます。** 損益分岐点売上高は、固定費÷｜1 −（変動費
÷売上高）｜ の計算式で算出されます。ここで算出された売
上高は、「最低限、これだけの売上高を上げなければ欠損を
出してしまう」というギリギリの数値です。

　なお、固定費とは売上高の増減には関係なく発生する費用
のことで、一般的に人件費、減価償却費などが該当します。

　これに対して変動費とは売上高が増減すればそれにあわせ
て変動する費用のことです。たとえば、小売業でいえば売上
原価、販売手数料などがあげられます。

　そして固定費と変動費の合計を総費用といいます。さらに

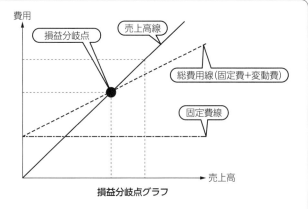

費用

損益分岐点

売上高線

総費用線（固定費＋変動費）

固定費線

売上高

損益分岐点グラフ

いえば、変動費÷売上高で導き出せる計数を変動費率と呼んでいます。

なお、固定費、変動費、総費用と損益分岐点の関係はグラフのように表せます。グラフを書いたうえで、損益分岐点比率を求め、売上高に対する損益分岐点売上高の割合を明らかにするとよいでしょう。

例題	売上高が1320万円で変動費が924万円、固定費が270万円の場合、損益分岐点比率はいくらですか。

解答	損益分岐点＝270÷{1-（924÷1320）}＝900万円 損益分岐点比率＝900万円÷1320万円＝0.68

▶ KPIの見方

損益分岐点比率は数値が小さいほど企業の収益性が高いとされています。業種業態により異なりますが、一般に0.8以下であれば、売上高が20％減でも赤字に転落しない数値なので、企業収益性はかなり良好といえるでしょう。

カイゼンのポイント
経営分析の中心となる重要指標として活用

限界利益率
げんかいりえきりつ

▶英語では　　marginal profit rate

▶算出式

限界利益率（%）＝限界利益高÷売上高×100

※限界利益高＝固定費＋利益（粗利益高）

▶何がわかるの？

　限界利益率とは、限界利益高が売上高に対してどれくらいの割合かを示す計数です。

　限界利益高とは「固定費をまかなうために最低限必要な利益」といえます。企業活動の状況にあわせて柔軟に対応することが可能な変動費を除いて、絶対に必要な固定費に利益を加えた金額を限界利益高と呼びます。

例題	売上高1200万円、固定費500万円、変動費250万円の場合の限界利益率はいくらでしょうか。
解答	粗利益高＝1200万円－（500万円＋250万円）＝450万円 限界利益率＝（450万円＋500万円）÷1200万円×100 　　　　　＝79.17%

▶KPIの見方

　業種、業態、ビジネスモデルにより異なりますが一般的に40〜50%以上を確保することが望ましいといえるでしょう。

カイゼンのポイント
必要最低限の利益を確認

総資本回転率
そうしほんかいてんりつ

英語では total asset turnover

算出式

総資本回転率（回転）＝売上高÷総資本

※総資本とは貸借対照表に記されている資産、あるいは（負債＋自己資本）

何がわかるの？

総資本回転率とは、総資本に占める売上高の割合です。1年間に総資本が何回転して売上になったかを求めます。**総資本率が高いということは、少ない資本で効率的に高い売上を達成していることを示します。**

例題	貸借対照表に記されている負債と自己資本の合計が2億円、年間売上高が3億円の企業の総資本回転率はいくらですか。
解答	3億円÷2億円＝1.5回転

KPIの見方

一般的に1〜2回転が平均的な数値となっています。もちろん可能ならばそれ以上の回転数が望まれます。0.5回転以下の場合は経営面の改善が必要です。

カイゼンのポイント
売上高向上を効率的に達成する目安として活用

自己資本比率

じ こ し ほ ん ひ り つ

▶英語では capital adequacy ratio

▶算出式

自己資本比率(%) ＝ 自己資本 ÷ 総資本 × 100

▶何がわかるの?

　自己資本比率とは、総資本に対して自己資本が占めている割合がどれくらいかを表す計数です。**自己資本比率は企業がどれくらい、自分のお金で事業を進めているかを示す計数です**。経営分析においてはきわめて重要かつ代表的な計数といえるでしょう。自己資本比率が高いということは、銀行借入金などの借金が少なく、健全な経営を行っていることになります。

▶解　説

　一般に自己資本比率は高ければ、それだけ財務状況が良好ということになりますが、あまりに高い場合には株主への配当などが高くなり、それが負担となるかもしれません。

　また、業種業態により自己資本比率は大きく変わってきます。たとえば銀行の場合、自己資本比率は国際統一基準で決められています。もちろん銀行においても自己資本比率は高いほどよいとされていますが、国際業務を行う銀行は国際統一基準で8%以上と定められています。また国内業務のみを行う銀行についても、国内基準で4%以上と定められています。万が一、基準を下回った銀行には金融庁から早期是正措置が出され、業務改善指導を受けなければなりません。

　自己資本比率が低い傾向にある業界や企業の場合、「景気

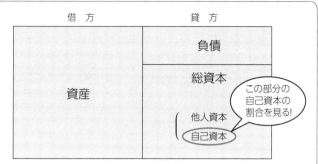

借方　　　　　　　　貸方

資産	負債
	総資本
	この部分の自己資本の割合を見る!
	他人資本
	自己資本

貸借対照表の構成

の影響を受けやすく、好景気ならば資金が集まりやすいので順風だが不景気になると資金繰りに苦しむことになる」ということになりがちです。

例題	自己資本が12億円、総資本が34億円の企業の自己資本率はいくらになりますか。
解答	12億円÷34億円×100＝35.3%

▶KPIの見方

銀行は国際（8%以上）、国内（4%以上）ともに統一基準が定められていますが、その他の業界ではとくに基準は定められていません。

30%前後が全業種平均となっています。通信業、農業などは60%前後と高く、製造業は50〜55%、物流業は40〜50%、流通業は45%前後、不動産業は35%前後、建設業は30%前後となっています。

カイゼンのポイント
企業経営体力を数値化し、分析・検討

総資産経常利益率 (ROA)

▶英語では   Return On Asset

▶算出式

総資産経常利益率(%)＝経常利益÷総資本(総資産)×100

※経常利益＝営業利益＋営業外収益－営業外費用

▶何がわかるの？

　総資産経常利益率（ROA）は、経常利益を総資本で割る ことによって求められます。**総資本をもとにどれくらい利益 を上げたかを示す計数です。**

　たとえば、総資産計上利益率が低い企業は薄利多売型の経 営を行っていることになります。反対に数量は少なくても売 上単価が高い商品を扱っている企業の場合、総資産計上利益 率は高くなる傾向にあります。

例題	経常利益が1300万円、総資本が2億5000万円の企業 の総資産計上利益率はいくらでしょうか。
解答	1300万円÷2億5000万円×100＝5.2%

▶KPIの見方

　物流業で2～4%、卸売業、製造業で4～6%、小売業で6 ～8%、飲食業で10～15%で、全業種平均は3%程度です。

カイゼンのポイント
経営形態を利益率から分類し、企業特性を把握

自己資本当期純利益率
じ こ し ほん とう き じゅん り えき りつ

(自己資本利益率、ROE)
じ こ し ほん り えき りつ

▶英語では
Return on Equity

▶算出式

自己資本利益率(%) = 当期純利益 ÷ 自己資本 × 100

▶何がわかるの？

　自己資本当期純利益率（ROE）とは、自己資本をどれくらい活用して利益を得ているかを示す計数です。

　当期純利益が低いと、ROEも低くなります。反対に高い場合は、当期純利益が高いことを意味しています。

例題	当期純利益が600万円、自己資本が1億円の企業の自己資本当期純利益率はいくらになりますか。
解答	600万円 ÷ 1億円 × 100 = 6%

▶KPIの見方

　業種業態などで異なりますが、4〜6%が平均的な数値で、それ以上になれば優良企業と考えられます。株式の投資家などから重視されるKPIです。

カイゼンのポイント
自己資本の活用度を数値化し、最大限に活用

負債資本比率
ふ さ い し ほ ん ひ り つ

▶ 英語では   debt equity rate

▶ 算出式

負債資本比率(%)＝他人資本÷自己資本×100

※他人資本：所有が債権者に帰属する資本。借入金・支払手形・買掛金・社債など　※自己資本：貸借対照表の資本の部の合計。株主資本、純資産と同意

▶ 何がわかるの？

　負債資本比率を見ることで、自己資本よりも負債が大きいかどうかが明らかになります。企業が借金経営に陥っていないかどうかもわかり、**財務面から見て健全な経営状態かどうかを知ることができます。**

例題	他人資本が10億円、自己資本が13億円の場合の負債資本比率はいくらですか。
解答	10億円÷13億円×100＝76.92％

▶ KPIの見方

　負債資本比率は100％以下であることが望ましいとされていますが、負債が多くなる企業が少なくありません。

カイゼンのポイント
経営状態の健全性を数値化して確認

営業利益分配率

えいぎょうりえきぶんぱいりつ

▶英語では sales profit distribution percentage

▶算出式

営業利益分配率(%) =営業利益高÷粗利益高×100

▶何がわかるの?

　営業利益高とは、売上高から売上原価、販売費、一般管理費を引いたものです。企業の営業活動から生み出された利益のことで、**営業利益分配率を求めるには、その営業利益高を粗利益高で割ります。営業利益を上げるには販売費や一般管理費をなるべく抑えるようにしなければなりません。**

　営業利益分配率が低ければ、たとえば、宣伝広告費、販売促進費、地代家賃、賃借料などの見直しを図るようにしなければなりません。

例題	営業利益高が120万円、粗利益高が550万円でした。営業利益分配率はいくらになりますか。
解答	120万円÷550万円×100 = 21.8%

▶KPIの見方

　営業利益分配率の目安としては、小売業ならば15〜20%以上確保する必要があるでしょう。

カイゼンのポイント
販売費や一般管理費を抑え、営業利益高増を推進

売上高対経常利益率
(経常利益率)

▶ 英語では　ordinary profit rate

▶ 算出式

経常利益率(%) = 経常利益 ÷ 売上高 × 100

▶ 何がわかるの？

　経常利益とは、企業の本業、副業、金融収支をすべてあわせての利益を指します。経常利益率は売上高に対する経常利益の割合を示す計数です。

　また、理想としては営業利益率、経常利益率がともに高いことが求められます。

例題	経常利益高が18億円、売上高が920億円の企業の経常利益率はいくらになりますか。
解答	18億円÷920億円×100＝1.96%

▶ KPIの見方

　全業種平均で2.5～3%前後となっています。ただし業種、業態で差が激しいKPIでもあります。

カイゼンのポイント
企業活動全体の利益高増を推進

固定資産回転率
こていしさんかいてんりつ

▶ **英語では**　　fixed assets turnover

▶ **算出式**

固定資産回転率（回転）＝売上高÷固定資産

▶ **何がわかるの？**

　固定資産とは、企業経営のために継続的に使用されている土地、建物、機械設備などの有形固定資産と特許、商標、営業権などの無形固定資産のことを指します。

　固定資産回転率とは固定資産と売上高の比率です。固定資産回転率を見ることで、固定資産が有効に活用されているかどうかがわかります。

　多くの場合、投資した固定資産の回収は長期に及ぶことになります。

例題	売上高500億円の企業で固定資産が490億円の場合の固定資産回転率はいくらになりますか。
解答	500億円÷490億円＝1.02回転

▶ **KPIの見方**

　1〜1.5回転程度が平均になります。ただし、メーカーなどの大型の設備投資が必要な業種では低くなります。

カイゼンのポイント
長期的視野から資産を活用

固定比率
こていひりつ

▶英語では　　fixed ratio

▶算出式

固定比率（%）＝固定資産÷自己資本×100

▶何がわかるの？

　固定比率を見ることで、長期安全性、すなわち企業の長期的な資金調達能力がわかります。固定資産は短期的に売買するものではありません。長期的な企業戦略に基づいて所有されている土地、建物、機械装置などはすぐに売られるものではありませんが、必要となれば売却して資金として活用することが可能です。**固定比率を見ることで、企業の長期的な視点から返済義務のない資金をどれくらい調達できるのかということがわかります。**

▶解　説

　固定資産が多くても、それが銀行からの借入金などで多いのか、それとも自前の資金での調達となっているのかがはっきりしなければ、企業の健全性や長期安全性をしっかりと把握することはできません。固定比率をみれば、自己資本に対する固定資産の比率を知ることができるので、自前で購入している土地、建物、機械設備などがどれくらいあるのかもわかります。

　たとえば、ある企業が自社ビルを相次いで建設し、また大量の土地を保有しているとしましょう。その場合、「これだけのビルを建て、一等地などを相次いで購入しているのであれば、その企業の資金力は大したものだし、きっと経営状況

もよいに違いない」と思うかもしれません。しかし、実際は
その企業は銀行や外資系ファンドなどからの借入れが多く、
借金経営かもしれません。**自己資本を使っていなければ、固
定比率が低くなります。購入されている固定資産が自己資本
に対してどれくらいの割合であるかを見ることでチェックで
きるのです。**

なお、固定比率とよく似た計数に固定長期適合率｜固定資
産÷（自己資本＋固定負債）×100｜があります。固定比率とあ
わせて固定長期適合率についてもチェックしておく必要があ
ります。

**固定長期適合率は、固定資産に使われた資金がどれくらい
自己資本で購入されているかを示す計数です。**固定比率の数
値がよくなくても、固定長期適合率が基準値以上ならば、長
期安全性は確保されているといえるでしょう。

例題	固定資産が9億円、自己資本が8億7000万円の場合、固定比率はいくらになりますか。
解答	9億円÷8億7000万円×100＝103.4%

▶KPIの見方

固定比率は100%以下になっていることが望ましいといえ
ます。なお、解説で紹介した固定長期適合率についても同様
に100%以下が望ましく、たとえ固定比率が100%以下でな
くても、固定長期適合率が100%以下ならば、まずは、不安
はないといえましょう。

なお、物流業などは固定比率が高いのが大きな特徴となっ
ています。

カイゼンのポイント
資金調達能力を長期的な視野から確認

流動比率
りゅうどうひりつ

▶英語では　current ratio

▶算出式

流動比率（％）＝流動資産（円）÷流動負債（円）×100

＊流動資産：短期間で現金化などが可能な資産

　流動負債：1年以内に返却しなければならない負債

▶何がわかるの？

　流動比率とは、流動負債のマイナスを流動資金がどれくらい補っているかを示す計数です。

　流動比率を見ることで企業が短期的にどれくらいの資金調達能力があるのか、すなわち短期的な資金繰りがどれくらい可能なのかがわかります。現金がすぐに必要という場合に流動比率が高ければ、心配ないということになります。

▶解　説

　キャッシュフロー経営に注目が集まるなか、流動比率を高めていくことは多くの企業に求められています。

　ちなみにキャッシュフローのキャッシュとは「企業活動で生じるお金」のことです。したがってキャッシュフローといえば、そのキャッシュの流れのことを指します。**流動比率を見るということは、そのキャッシュフローを見るということにもなるのです。**

　キャッシュフローが健全ならば金融機関に過度に頼らなくても、余裕のある資金繰りも可能となります。

　すなわち、流動比率が高いということは、たとえ銀行などから短期の借入れが多くなっても、現金化してその借入金をすぐに返済できることを意味しています。

ただし、「流動比率は高ければ高いほどよい」というわけではありません。あまりに流動比率が高すぎる場合は、「遊休資産などが多い」と投資家などから判断されることもあります。もっとも日本企業の場合は、欧米企業などに比べると流動比率は低い傾向にあります。日本の場合、銀行などからの借入が容易であるという背景があるようです。

　なお、流動資産は当座資産（現金預金、売上債権など）と棚卸資産（商品など）に分類されますが、当座資産のほうがより現金化しやすいという特徴があります。そこで当座資産が流動負債に占める割合である、当座比率（当座資産÷流動負債×100）という計数をチェックすることもあります。

　他方、棚卸資産は在庫ともなるので、過剰に保有することはケースによってはマイナスに作用するケースもあります。

　ちなみに棚卸資産とキャッシュフローの関係に着目して、在庫収支におけるキャッシュフローの改善を行う、在庫キャッシュフローという概念も注目されています。

例題	流動資産が16億円、流動負債が14億円の場合、流動比率はどれくらいになりますか。
解答	16億円÷14億円×100＝114.3%

▶KPIの見方

　流動比率は150〜200%あれば安心です。一般に100%以上ならばまずまずの水準といわれています。ただし、100%以下の場合には財務状況を早急に見直す必要があります。企業分析における基本根幹的KPIとして重視されます。

カイゼンのポイント
短期的な視点からの資金調達能力を確認

経営安全率

けいえいあんぜんりつ

英語では management safety rate

算出式

経営安全率(%)＝経常利益(経営安全額)÷限界利益×100

何がわかるの？

　経営安全率とは限界利益に対する経常利益の比率です。企業経営が安全に行われているかどうかを示す計数です。

　一般に経営安全率が高ければ企業経営は安定します。経営危機や倒産のリスクが低いということになります。ちなみに、経営安全率は損益計算書を読み取ることで、計算して求めることができます。

　経営安全率は限界利益を1としたときの経常利益の割合で、経常利益がどれくらい減少すれば経常利益がなくなるかということがわかります。

例題	経常利益が2億5000円で限界利益が6億円の場合、経営安全率はいくらになりますか。
解答	2億5000万円÷6億円×100＝41.7%

KPIの見方

　一般に15〜50%あれば、優良な企業といえます。

カイゼンのポイント
企業経営の安全性、安定度を数値化して確認

EBITDA マージン

▶ **英語では**　EBITDA margin

▶ **算出式**

EBITDAマージン＝EBITDA÷売上高

* EBITDA ＝ 当期純利益 ＋ 税金 ＋ 支払い利息 ＋ 減価償却費 ＝ 営業利益 ＋ 減価償却費

▶ **何がわかるの？**

　設備投資の規模に関わらず「企業がどれくらい利益を上げているか」を把握できます。営業利益のみを注視していると、減価償却が進むと利益高が増加しているように錯覚することがあるからです。EBITDAからEBITDAマージンを求め、その値が大きいほど、収益性が高いと判断できます。

例題	売上高100億円の企業でEBITDAが7億円のとき、EBITDAマージンはいくらになりますか。
解答	7（億円）÷100（億円）×100＝7（％）

▶ **KPIの見方**

　全業種の中央値は8.4％（2021年）となっています。

カイゼンのポイント
企業の収益性を明確に可視化

カイゼンに役立つ
重要計数／KPI

誤発注率（%）
ごはっちゅうりつ

▶ 算出式 誤発注数÷総発注数×100

▶ 何がわかるの？

発注ミスを防ぐために必要な計数。

緊急発注率（%）
きんきゅうはっちゅうりつ

▶ 算出式 緊急発注数÷総発注数×100

▶ 何がわかるの？

不必要な緊急発注がどれくらい発生しているかを知るための計数。

誤受注率（%）
ごじゅちゅうりつ

▶ 算出式 誤受注数÷総受注数×100

▶ 何がわかるの？

受注ミスがどれくらいの頻度で発生しているかを知るための計数。

調達物流コスト率（%）
〔ちょうたつぶつりゅう りつ〕

▶算出式 調達物流コスト÷トータル物流コスト×100

▶何がわかるの？

調達物流コストが物流活動全体に対して、どれくらいの割合を占めるかを知るための計数。

棚卸ロス率（%）
〔たなおろし りつ〕

▶算出式 棚卸ロス数÷棚卸在庫総数×100

▶何がわかるの？

実在庫と帳簿上の在庫があわずに、棚卸ロスがどれくらい発生しているかを知るための計数。

商品消化率（%）
〔しょうひんしょうかりつ〕

▶算出式 販売数量÷仕入数量×100

▶何がわかるの？

仕入れた商品がどれくらい売り切れたかを示す計数。

値下率（%）
〔ねさげりつ〕

▶算出式 値下額÷当初販売価格×100

▶何がわかるの？

値下額がどれくらいになるかを知るための計数。

売上目標達成率（%）
〔うりあげもくひょうたっせいりつ〕

▶算出式 実績額÷目標額×100

▶何がわかるの？

売上目標をどれくらい達成できているかを知るための計数。

売上目標進捗率 (%)

> ▸ 算出式　実績累計額÷目標累計額×100

> ▸ 何がわかるの？

売上高の最終目標までの進捗度を示す計数。

月別売上指数 (季節指数) (%)

> ▸ 算出式　毎月の売上高÷年間売上高×100

> ▸ 何がわかるの？

12カ月すべての指数を出すことで月別の売上動向を把握。

商品別売上構成比 (%)

> ▸ 算出式　各商品の売上高÷総売上高×100

> ▸ 何がわかるの？

各商品の売上構成比を出すことで売れ筋商品などを把握。

固定費比率 (%)

> ▸ 算出式　固定費÷売上高×100

> ▸ 何がわかるの？

売上高に対する固定費の割合を示す計数。

変動費比率 (%)

> ▸ 算出式　変動費÷売上高×100

> ▸ 何がわかるの？

売上高に対する変動費の割合を示す計数。

在高原価率 (%)
あり だか げん か りつ

▶算出式 (期首在高原価＋仕入原価)÷(売上高＋棚
卸売価)×100

▶何がわかるの？

売価で棚卸しした場合、仕入原価がどれくらいかを知るた
めの計数。

未処理返品在庫比率 (%)
み しょり へん ぴん ざい こ ひりつ

▶算出式 未処理返品在庫数量÷総在庫数量×100

▶何がわかるの？

物流センターなどに返品されたものの返品処理が施されて
いない在庫数量についての計数。

誤入庫率 (%)
ご にゅう こ りつ

▶算出式 誤入庫件数÷総入庫件数×100

▶何がわかるの？

物流センター、工場倉庫などへの総入庫数に占める入庫ミ
スの割合を示す計数。

誤出庫率 (%)
ご しゅっ こ りつ

▶算出式 誤出庫件数÷総出庫件数×100

▶何がわかるの？

物流センター、工場倉庫などの格納エリアから誤って出庫
された割合を示す計数。

輸配送遅延率（%）

▶算出式 遅延件数÷輸配送件数×100

▶何がわかるの？

トラック輸配送における遅延件数の比率を知るための計数。

行先別仕分け件数

▶算出式 総取扱数÷行先数

▶何がわかるの？

物流センター、工場倉庫などで行われる仕分けの行先別件数。

モーダルシフト（複合一貫輸送）採用率（%）

▶算出式 モーダルシフト貨物量÷総貨物量×100

▶何がわかるの？

モーダルシフト輸送の採用比率を表す計数。

技術革新投資収益率（%）

▶算出式 （技術革新による純利益−技術革新コスト）÷技術革新コスト×100

▶何がわかるの？

特許、新製品開発などのイノベーション（技術革新）により、どれくらいの利益を得ることができたかを示す計数。

従業員離職率（%）

▶算出式 離職者数÷従業員総数×100

▶何がわかるの？

従業員満足度を図るための計数。

遊休面積率（%）

▶算出式 遊休面積÷総面積×100

▶何がわかるの？

遊休面積の総面積に対する割合を示す計数。

廃棄物削減率（%）

▶算出式 廃棄物削減量÷廃棄物総量×100

▶何がわかるの？

廃棄物をどれくらい削減したかを示す計数。

回収率（%）

▶算出式 回収量÷販売量×100

▶何がわかるの？

リサイクルのために、どれくらい使用済み商品が回収されているかを示す計数。

売上債権回転率（%）

▶算出式 売上高÷売上債権×100

▶何がわかるの？

売掛金や受取手形がどの程度回転しているかを知るための計数。

配当性向（%）

▶算出式 1株当たり配当÷1株当たり当期純利益×100

▶何がわかるの？

当期純利益のうち、株式配当にどの程度当てているかを示す計数。

ABC分析の活用

計数管理において、ABC分析があわせて活用されるケースが少なくありません。簡単にまとめておきましょう。

ABC分析の概要

商品ごとに売上高・出荷量などを把握し、全体に占める各商品の売上高・出荷量などの割合を出す分析方法のことを「ABC分析」といいます。

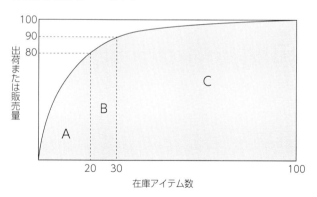

「2・8の原理」（商品数20%が売上の80%を占める）を占める。売上高・出荷量などの80%程度を占める商品がA分類商品、売上高総額の90%程度に達する品目がB分類商品、残りの商品がC分類商品。なお、この他のまったく動きのない死に筋商品をD分類商品ということもある

図表1　ABC分析とは

在庫品目の金額だけでなく出荷量についても分析することで巨視的な在庫の管理と削減が可能になります。

　ABC分析では、全体の80％程度の出荷・売上を占める商品をA品目、全体の90％くらいまでの10〜20％程度を占める商品をB品目、残りをC品目とし、売れ筋の商品に在庫を絞るといったやり方がとられます。なお、まったく出荷されない商品をD品目とすることもあります。（ちなみにD品目のDは「デッドストックの略」とかけられています）。

　そして分類ごとにカテゴリー、アイテム数を管理することで在庫環境を向上させ、過剰在庫を防ぐことができます。物流センターなどでの荷役作業の効率を大幅にアップさせることも可能になります。

　物流センターの庫内レイアウトなどについてもABC分析の結果を考慮して行うことができます。

　たとえば、A品目の商品は頻繁に出荷されることになりますのでパレットで平置きされ、フォークリフトで荷役作業を行うのが効果的です。また、B品目の在庫保管には流動ラックや高速自動倉庫が適しています。C品目では保管効率が高い回転式ラックが役に立ちます。そしてD品目の陳腐化在庫、死に筋在庫についてはすみやかに廃棄処分することが必要です。「どのような状況になったら廃棄するのか」というルールをきちんと決めておくと死に筋在庫の増加を未然に抑えられます。もちろん、店舗レイアウトにおいてもA品目は補充しやすく、顧客が手に取りやすい場所に置くなど、ABC分析を活用することが可能です。

　また、ABC分析を行ったうえで注意したいことの1つに「B品目、C品目の在庫管理をどうするか」ということがあげられます。A品目は出荷頻度が高く、定期的に必要量を補充していれば大きな問題は生じないでしょう。

　しかし、B品目やC品目の商品については慎重に対処しないと在庫が過剰になるリスクが出てきます。「いかにBC品目を管理していくか」ということが商品管理のポイントにな

分類	在庫管理の方針	物流センターなどにおける在庫管理、保管方法、発注法
A	常に在庫状況をチェック	日々の出荷のバラツキ、リードタイムなどを考慮し、個々の商品の状況を注視。パレットで平置きし、フォークリフトで荷役作業を行うのが効果的。定期発注法が採用されることも多い
B	入念に在庫状況をチェック	売上高、出荷高の推移、変化を常に注意。流動ラックや高速自動倉庫で保管。定量発注法が望ましいとされる
C	常備品として欠品の生じない適切な在庫量を保持	やや大まかな在庫管理。保管効率が高い回転式ラックなどを活用。定量発注が望ましいとされる
D	すみやかに在庫を処分、廃棄・廃番にする	死に筋商品、陳腐化商品については、「どのような状況になったら廃棄するのか」というルールをきちんと決めておく

図表2　ABC分析と在庫管理の方針

ってくるわけです。しかも必然的にBC品目は多くなります。

　商品のライフサイクルも見極める必要があります。売れ行きが落ちてきている商品については注意が必要です。商品の陳腐化が進行すればあっという間に不動在庫、不良在庫になる恐れがあります。

　商品の出荷量、売上高など現状を局部的に分析するのでは十分な分析とはいえません。「新商品なのか」、「売れ行きが伸び続けている商品なのか」で在庫管理も発注方法もまったく異なるでしょう。「安定して売れているのか」、「売れ行きが落ち込んできたのか」などを把握することで、適切な商品管理ができるようになります。商品が導入期、成長期、成熟期、衰退期のいずれにあるのかで商品の在庫戦略も大きく変わってくるのです。

主要参考文献

『売場の計数入門』上保陽三、商業界、2006年
『絵解き すぐわかる産業廃棄物処理と静脈物流』鈴木邦成、日刊工業新聞社、2009年
『お金をかけずにすぐできる 事例に学ぶ物流現場改善』鈴木邦成、日刊工業新聞社、2017年
『解説 物流コスト算定統一基準』運輸省流通対策本部編、日本物的流通協会、1977年
『完全体系 商品と売場の計数』上保陽三、商業界、1996年
『完全マニュアル バイヤーの計数管理』川畑洋之介、繊研新聞社、2009年
『計数管理に基づく利益創出の経営学』横林寛昉、すばる舎、2013年
『計数管理のプロフェッショナルに聞け!』櫻井道裕、中央経済社、2006年
『図解 売場のデータ超活用法』白部和孝、商業界、2001年
『図解 物流センターのしくみと実務 第2版』鈴木邦成、日刊工業新聞社、2018年
『数値化の鬼』安藤広大、ダイヤモンド社、2022年
『すぐ使える実戦物流コスト計算』河西健次、成山堂書店、2003年
『入門 物流現場の平準化とカイゼン』鈴木邦成、日刊工業新聞社、2021年
『入門 物流（倉庫）作業の標準化』鈴木邦成、日刊工業新聞社、2020年
『物流改革の手順』平野太三、出版文化社、2014年
『物流管理指標の総合体系』唐澤豊、日本物的流通協会、1987年
『物流管理指標 作り方と活かし方』武田正治編著、白桃書房、1992年
『物流現場改善推進のための手引書』日本ロジスティクスシステム協会、2007年
『物流コスト算定活用マニュアル』通商産業省産業政策局流通産業課編、通商産業調査会、1992年
『物流コストの計数管理/KPI管理ポケットブック』鈴木邦成、日刊工業新聞社、2015年
『物流事業者におけるKPI導入の手引き』国土交通省、2015年
『物流DXネットワーク』鈴木邦成・中村康久、NTT出版、2021年
『物流・流通の実務に役立つ計数管理/KPI管理ポケットブック』鈴木邦成、日刊工業新聞社、2014年
『物流・トラック運送の実務に役立つ 運行管理者（貨物）必携ポケットブック』鈴木邦成、日刊工業新聞社、2016年
『分析者のためのデータ解釈学入門』江崎貴裕、ソシム、2020年
『マネジャーのためのKPIハンドブック』バーナード・マー、ピアソン桐原、2012年
『ロジスティクス評価指標の概要 荷主KPI』日本ロジスティクスシステム協会、2008年

索　引

著 者 略 歴

鈴木　邦成（すずき　くにのり）

物流エコノミスト、日本大学教授（在庫・物流管理などを担当）。一般社団法人日本SCM協会専務理事、一般社団法人日本ロジスティクスシステム学会理事。専門は物流・ロジスティクス工学。

主な著書に『トコトンやさしい物流の本 第2版』、『入門物流現場の平準化とカイゼン』、『入門物流（倉庫）作業の標準化』、『物流センター＆倉庫管理業務者必携ポケットブック』、『トコトンやさしい小売・流通の本』、『お金をかけずにすぐできる事例に学ぶ物流現場改善』、『運行管理者（貨物）必携ポケットブック』、『図解物流センターのしくみと実務 第2版』（いずれも日刊工業新聞社）、『すぐわかる物流不動産増補改訂版』（白桃書房）、『シン・物流革命』（幻冬舎）、『物流DXネットワーク』（NTT出版）、『スマートサプライチェーンの設計と構築』、『グリーンサプライチェーンの設計と構築』（白桃書房）、『Toward Sustainable Operations of Supply Chain and Logistics Systems (EcoProduction)』（英語版、共著、シュプリンガー社刊）などがある。物流・ロジスティクス・SCM関連の学術論文、雑誌寄稿なども多数。

現場で役立つ
物流／小売・流通の
KPIカイゼンポケットブック　　　　　　　　　　NDC336

2023年1月26日　初版1刷発行

〔定価はカバーに表示してあります〕

Ⓒ著　者　　鈴木　邦成
　発行者　　井水　治博
　発行所　　日刊工業新聞社
　　　　　　〒103-8548　東京都中央区日本橋小網町14-1
　　　電　話　　書籍編集部　03（5644）7490
　　　　　　　　販売・管理部　03（5644）7410
　　　FAX　　03（5644）7400
　　　振替口座　00190-2-186076
　　　URL　　https://pub.nikkan.co.jp/
　　　e-mail　　info@media.nikkan.co.jp
　　　本文デザイン・DTP　新日本印刷（株）
　　　印刷・製本　新日本印刷（株）